青春文庫

おやすみ前の１日１話
動じない練習

植西 聰

青春出版社

はじめに

今の時代に生きる人は、心が敏感になりやすいようです。

他人のちょっとしたひと言、日々のニュース、たまたま目に入ったショックな光景など……。たくさんの情報があふれている時代のせいもあって、ちょっとしたことに鋭く反応してしまうことが多いのです。


何かに失敗したら、「もう立ち直れない」というくらい落ちこんでしまう。

ささいなすれ違いから、「どうせ自分は嫌われ者だ」と自己嫌悪におちいる。

他人のひと言に動揺し、ついイライラしてしまう。

トラブルが起こると、「どうしよう。どうしたらいいかわからない。もうダメだ……」と悲観的な気持ちになる人もいます。

人の心には不思議な性質があり、いったん動揺すると、どんどんその動揺がふくらみ、自分ではコントロールできないくらい大きく揺れ動いていきます。

大勢の前で話すとき、ガチガチに緊張してしまった、という経験は誰にでもあるでしょう。

そんなとき、いったん「自分は、緊張しているかもしれない。いや、そうとう動揺している」と意識すると、それをきっかけに、いっそう緊張感がまします。

そうなると、いくら「落ちつかなくちゃ」と自分に言い聞かせても、心をコントロールすることがなかなか難しくなります。

このように、動揺する心は、雪だるま式に大きくふくらみやすいのです。

では、どう対応するといいのでしょうか。

それは、ふだんから「動じない練習」を心がけること、そして「動じない生き方」を学んでおくことだと思います。

「備《そな》えあれば憂《うれ》いなし」

この言葉があらわすように、ふだんから「動じない練習」を心がけ、「動じない生き方」を学んでおけば、イザという場面で心が動揺する心配もなくなります。その結果、人生をたくましく、明るく、元気に、前向きに生きていけるようになります。

この本を通じて「動じない練習」をおこなう、もっとも適した時間帯は、夜、眠りにつく前です。昼間のうちは、どうしても仕事や人間関係の問題で落ちこむことも多いと思います。その悩みを、おやすみ前に解消しておくことが重要です。一日の終わりに心がすっきりすれば、明日からは明るく元気に過ごすことができるでしょう。

心が敏感な人、ちょっとしたことで動揺しやすい人は、基本的にとても誠実で善良で、やさしい気持ちをもった人です。そんな自分を大切に思いながら、「動じない練習」「動じない生き方」を心がけていくのが賢明です。

植西 聰

目次

おやすみ前の1日1話　動じない練習

1章　楽天家の習慣をまねしてみる

2章 頭だけで考えるのをやめてみる

3章

どこかに逃げ道をつくっておく

4章

すでにある自分らしさに気づく

5章

目の前のことをちゃんと見る

6章

賢く、かつ素直に生きていく

7章

希望をもって未来へふみだす

1 章

楽天家の習慣をまねしてみる

1 「なにごとにも動じない人」の4つの共通点

ちょっとしたミスをして、誰かに叱責されたりすると、激しく動揺してしまう人がいます。

一方で、そんなときでも、あまり動揺せず、冷静に対処できる人もいます。

この精神的な動揺を抑える力のことを、心理学では「フラストレーション耐性」とよびます。

「フラストレーション」とは、直訳すると「欲求不満」のことです。もう少し詳しく説明すると、「『こうしたい、こうなりたい』という欲求がありながら、その欲求が満たされないときに起こる心理的な不満」のことです。

「失敗なんてしたくない」「人に叱られたくない」という強い思いがあるのに、そんな思いに反して、失敗をしたり、誰かから叱られてしまったりする。そのときに生じる不満が、「フラストレーション」です。

また、その不満が背景となって「心の動揺」を生みだすのです。

そんな状況に対して耐える力があり、冷静に対処できるタイプの人は、「フラストレーション耐性」が強い人です。そして「フラストレーション耐性」が強い人には、次の4つの共通点があることがわかっています。

- 楽天的に物事を考える。
- 物事に固執しない。
- あきらめるのがうまい。
- 気持ちの切り替えが早い。

この4つを心がけると、ささいなことで動じない自分をつくっていけます。

不満に耐える力をつける

2

「失敗のあとは良いことが起こる」と考える

物事に動揺しないタイプの人には、「楽天的である」という特徴があります。

では、楽天的とはどういうことでしょうか。

アメリカの映画女優、アン・バクスターの言葉に、

「私は失敗を怖れたことはない。なぜなら、良いことは、失敗のあとにやってくることを知っているから」

というものがあります。

悲観的な人というのは、一度何かで失敗すると、「また同じ失敗をくりかえすことになるのではないか」という心配にかられます。何か悪いことが起こると、「この先もずっと悪いことばかりが起こるに違いない」という気持ちになります。そして、精神的にますます激しく動揺してしまうのです。

しかし、楽天的な人は違います。

「今回失敗したから、次は成功する番だ」

「悪いことを経験したから、今度は良いことが起こるだろう」

このように考えることができるのです。まさにアン・バクスターの言葉にあるような考え方です。

失敗ばかりの人生などありません。

悪いことばかりが起こる人生などないのです。

人の人生では、失敗と成功は、また悪いことと良いことは、交互にやってくるのではないでしょうか。ですから、失敗のあとには、良いことがやってきます。

「苦あれば楽あり」ということわざもあります。やはり「悪いことのあとには、良いことがある」という意味です。そのように楽天的に考える習慣をもつことで、心が動揺しなくなります。

楽天的に考える習慣をもつ

3 悪い思いこみから抜けだす

イスラムのことわざに、

「楽天主義は、神が与えてくれたもの。悲観主義は、人間の頭がつくりだしたもの」

というものがあります。「悪いことがあれば、次は良いことがある」とは、いわば自然の摂理のようなものです。自然のなりゆきなのです。人生とは、はじめから、そのようにできているのです。

たとえ悪いことがあっても悲観的になる必要はありません。次は良いことが起こるのですから、楽天的でいることが大切なのです。

そういう意味のことが、このことわざの「楽天主義は、神が与えてくれたもの」という言葉にあらわれています。

一方で、「この先ずっと悪いことばかりが起こるに違いない」という悲観的な考え方は、自分で勝手にそう思いこんでいるにすぎません。いわば、頭のなかでつくりあげた考え方に近いものです。

そのことが、イスラムのことわざの「悲観主義は、人間の頭がつくりだしたもの」という言葉にあらわれています。何か悪いことが起こって心が動揺したとき、人は「悲観的な思いこみ」にはまりやすいのです。

そのときは、まず「私の人生は、今後も悪いことばかりだ」ということは自分の思いこみにすぎない、と気づくことが大切です。それに気づくことで、思いこみから脱却できます。

つまり、「悪いことばかりはつづかない。次は必ず良いことが起こる」と、考え方を修正できるのです。そうすれば動揺もおさまり、前向きな気持ちで生きていけます。

悲観主義は、頭のなかでつくりあげたものにすぎない

4 「何がなんでも」と固執しない

「物事に固執する」という性格が強い人ほど、うまくいかない事態に直面すると、激しく心が動揺します。

たとえば、「何がなんでも仕事で成功したい」と固執している人は、仕事の業績が少しばかり低迷しただけで「なぜなんだ。どうすればいいんだ」と動揺してしまいます。

「どうしても、あの人と交際したい。私が幸せになれる相手は、あの人しかいない」と強く固執している人は、相手からちょっと冷たい態度をとられただけで「嫌われてしまった」と、心を取り乱すことになります。

ここで注意しなければならないのは、心が動揺すると、何をどうすればいいのかわからなくなって、冷静な判断力を失いがち、ということです。

そのために、取り返しのつかないミスをして、いっそう手痛い失敗を招くことにもなりかねません。

また、本来なら相手から愛されるチャンスもあったのに、絶望的な気持ちにかられたために、みずから身を引く行動にでる場合もあります。

このような状況に追いこまれないためには、「固執しない」ことが大事になります。「仕事で成功したい」「好きな人と結ばれたい」と願うのはいいのです。ただし、「何がなんでも」「どうしても」という強い思いをもち、それに執着することは禁物です。それは、固執につながっていきます。

もっとラクな気持ちで、「こうなればいいなあ。そうするために、自分のできる範囲で精いっぱいがんばろう」くらいに考えておくほうが賢明です。

そうすれば、うまくいかない事態になっても動揺することはありませんし、冷静に対処策を考えることもできるのです。

ラクに考えると、冷静になれる

5 無理だとわかったら、あきらめる

「あきらめるな」と、よく言います。たしかに、つらいことがあるとすぐにあきらめるようでは、大きなことは何も成しとげられません。継続することで成功の道がひらけます。

しかし一方で、どうがんばっても不可能なことがあるのも事実です。そのようなときは、上手にあきらめることも必要になります。どう考えても無理だとわかったのに、それでもがんばろうとすれば、その人の心には不満がたまるばかりです。イライラや絶望感、心の動揺といったものを止められなくなります。

「あきらめは心の養生」ということわざもあります。「あきらめなければならないときは、思い切ってあきらめてしまうほうが、心の健康に良い。そのことを、いつまでもあきらめないでいることは、心の健康に悪い」という意味です。

心が健康であれば、また別のことにチャレンジするときに、「今度こそは、やってやるぞ」という精神的なパワーが生まれます。しかし、心が不健康な状態になると、そのようなパワーがなくなり、立ち直る力を失ってしまうのです。

ですから、どうしてもうまくいかないと判断したときは、あきらめることが肝心です。そうすると、動揺からもすぐに抜けだせ、次のチャンスへ向かう元気を早く取り戻すこともできます。

「あきらめる」は、漢字で書くと「諦める」になります。この「諦」という文字には、「真実を明らかにする」という意味があります。つまり、「これはもう、がんばっても不可能だ」という真実を明らかにすることが、「あきらめる」という言葉の本来の意味なのです。「がんばれば、どうにかなる」のか、それとも「がんばっても、どうにもならない」のかを正しく見極めることも、「動じない生き方」を実践するうえで大切になります。

動じない人は、あきらめ上手

6 自分にあった方法でリフレッシュ

うまくいかないことがあったとき、気持ちの切り替えが早い人は、心が動揺しても、そこから早く抜けだすことができます。

「気持ちの切り替えが早い人」とは、「気持ちを切り替えるための自分なりの方法をもっている人」とも言えます。

落ちこみやイライラ、怒りといったネガティブな感情は、そのまま放置しておいても、前向きな気持ちに切り替わっていくことはありません。

何か具体的なことをすると、マイナスの感情からプラスの感情へと切り替わっていくのです。

たとえば、親しい友人と会って楽しくおしゃべりをする。

旅行にでかけて気分転換する。

スポーツで思いっきり汗を流してリフレッシュする。

お風呂にゆっくり入ってリラックスする。

静かな環境で、ある程度の時間、瞑想する。

このように、何か自分なりの切り替え方法をもつ人は、心が動揺することがあっても、早く落ちつきを取り戻します。

ただし、注意点があります。

ここで大切なのは、「自分にあった方法で、気持ちを切り替える」ことです。

たとえば、雑談が苦手な人が、無理に友人たちの前で明るくふるまったりすると、かえって心が動揺し、落ちこみが激しくなる危険性もあります。

ですから、気持ちの切り替え方法として、自分にはどのようなことがあっているのかを、よく知っておくことも大切になります。

落ちついた気分を早く取り戻す

7

「ミスしない」より「ミスを少なくする」

心理学に「イラショナル・ビリーフ」という言葉があります。

イラショナル・ビリーフとは、「非合理的な思いこみ」という意味で、「道理にあわない、非生産的な思いこみ」ともいえます。

人は、知らず知らずのうちにイラショナル・ビリーフにとらわれることが多く、そのために戸惑ったり、動揺したり、落ちこんだりするのです。

たとえば、職場でミスをして同僚たちに迷惑をかけ、申し訳ないと思ったとします。上司からも叱られて、「もう二度とミスはするな」と厳しく命じられました。

その経験から、本人は「絶対にミスをしてはならない」と強く思いこみます。

しかし、これがイラショナル・ビリーフ、つまり「道理にあわない、非生産的な思いこみ」なのです。

というのも、人間は完全な存在ではありません。どんなに注意していても、人間であれば必ずミスをします。

実際に、「絶対にミスをしてはならない」と固く決心していても、うっかりミスをします。そのとき、イラショナル・ビリーフにとらわれている人は、「たいへんなことをしてしまった」と、ひどく動揺します。

ミスをしたことを上司に報告できず、そのまま隠すこともあります。そのために、問題をますます大きなものにしてしまうこともあるのです。その結果、ミスが発覚したときには、その本人も厳しく責任を追及されることになります。

ですから、「絶対にミスをしてはならない」と考えるのではなく、「できるだけミスを少なくするように気をつけよう」と考えるほうが賢明です。

そのほうが、実際にミスをしたときの動揺が少なくなります。

人間であればミスは必ずするもの

8 「良い思いこみ」を身につける

心理学には「イラショナル・ビリーフ」に対して、「ラショナル・ビリーフ」という用語もあります。

直訳すると「合理的な思いこみ」という意味で、少し意訳すると「道理にあった、生産的な思いこみ」となります。

イラショナル・ビリーフにとらわれている人は、それをラショナル・ビリーフに変換していくことが、「動じない練習」につながります。

たとえば、職場の社員が抱きやすい「絶対にミスをしてはならない」という思い込みは、「イラショナル・ビリーフ」のひとつです。そのような強い思いこみのために、実際にミスをしたときに激しく動揺することになります。また、その動揺が原因で、本人は仕事に集中できなくなり、仕事の効率が悪くなることもあります。再びミスをすることにもなりかねません。

一方、「ラショナル・ビリーフ」は、「人間であればミスをすることもある。しかし、できるだけミスをしないように気をつけよう」と考えることです。それが、道理にあった考え方なのです。また、

「もし失敗したら、それを教訓として、同じ失敗をくりかえさないようにすればいい。そうすることで、仕事の技術がより向上する」

「失敗のなかには、じつは、成功のヒントが隠されていることが多い。もし失敗したら、そこから何か役立つものがないか探してみよう。探せば、何か成功のヒントになるものが必ず見つかるはずだ」

といったように生産的に考えるのも、ラショナル・ビリーフです。

ラショナル・ビリーフに即した考え方をすることが、「動じない練習」になるのです。

道理にあわない思いこみは捨てる

9 落ちこんだ気持ちを引きずらない

ある少年サッカーチームの話です。試合中にチャンスがあり、選手がシュートを放ちます。しかし、ゴールをはずします。するとコーチは、「なぜシュートした？なぜ味方にパスをしないんだ」と、その選手を叱ります。

次に、またチャンスの場面で、今度はシュートをせずに、味方にパスをします。するとコーチは、「せっかくのチャンスで、なぜシュートを打たないんだ。どうして、そんなに気が弱いんだ」と叱ります。

結局、選手はシュートを打ってもパスをしても叱られるものですから、だんだんとやる気を失っていきました。

じつは、同じようなことが職場ではよく起こります。上司は、「無難な仕事はするな。失敗を怖れず、チャレンジしていけ」と部下を叱ります。部下は積極的に新しいことにチャレンジしますが、失敗すると上司は「何をやってるんだ。無《む》謀《ぼう》なことにチャレンジするな」と怒ります。

無難な仕事をしても、チャレンジ精神をもって仕事をしても、結局は上司に叱られるものですから、部下は精神的に動揺し、「私は何をやってもダメな人間なんだ」と思いこみ、やる気を失っていくのです。

しかし、これは「イラショナル・ビリーフ」です。上司によって一方的に植えつけられた「道理にあわない、非生産的な思いこみ」です。このような「私はダメ」という悪い思いこみを抱くことは、本人にとって不幸なことです。

したがって、こういうケースでは、上司から叱られることをあまり気に病むのではなく、「私を励ます意味で、上司は叱ってくれているんだ。励ましの意味で叱っているのだから、これからも積極的にチャレンジしよう」と考えておくほうがいいのです。それが「ラショナル・ビリーフ」になります。

どうせなら、積極的にチャレンジ

10 感謝の言葉は意識して受けとる

学生時代は、同じ年ごろの仲よしグループだけでつきあっていくことができます。

しかし、社会人になると、そうはいかなくなります。気があわない人や、年齢がずっと上の人ともつきあわなければなりません。

また、社会人、とくにビジネスでの人間関係は、学生時代の友人関係に比べて、ずっとドライです。そのような意味で、社会人の人間関係というのは、お互いの感情を通わせるような関係ではありません。

新しく社会人になる人のなかには、そのような社会人特有の人間関係に慣れない人もいます。相手が自分をどう感じているのかが気にかかり、そんな思いが「きっとまわりの人たちは、私を嫌っているに違いない。役立たずのジャマ者だと考えているに違いない」と、悪い思いこみにエスカレートしていく場合もあるのです。これは「イラショナル・ビリーフ」です。

会社員の亜衣さん（仮名）も、就職した当初、そんなイラショナル・ビリーフにとらわれて精神的に動揺してしまうことが多かったといいます。そんな亜衣さんは、ある工夫でイラショナル・ビリーフから「ラショナル・ビリーフ」へと心を転換することに成功しました。それは、まわりの人たちからかけられる「ありがとう」「助かるわ」といった感謝の言葉を強く意識することでした。

心が動揺しているときは気づかなかったのですが、上司や先輩たちは、彼女が仕事を仕上げると「ありがとう」「助かるわ」と声をかけてくれていたのです。

そんな感謝の言葉を強く意識することで、彼女は「私は、みんなの役に立っている。私は、この職場で貴重な存在だ」と強く思いこむようになりました。

すると、気持ちが落ちついてきたといいます。

自分は役に立っていると確認することが大切

2章

頭だけで考えるのをやめてみる

11

自分で試してみて決める

他人のひと言に、心を惑わされてしまう人がいます。なにごとにつけても他人の言葉の影響を受けやすく、動揺してしまう人です。

たとえば、ある観光地に心がひかれて、旅行に行こうとしたとき、友人から「あの場所は楽しくない。行かないほうがいいよ」と言われます。すると、たちまち心が動揺して、どうしたらいいか自分でも判断がつかなくなってしまうのです。

禅の言葉に、「冷暖自知《れいだんじち》」という言葉があります。

川を流れる水に、手を入れようとしている人がいました。「この水はあたたかそうだ。手を入れたら、さぞ気持ちがいいだろう」と考えていました。すると横から、「その水は冷たいぞ。手を入れたら、手が凍《こお》りそうになるぞ」と言う人があらわれました。どう見ても、冷たそうな水には思えません。かといって、本当に冷たい水だったら、後悔することになります。その人の心は、横から口をだした人の言葉で動揺し、どうしたらいいかわからなくなりました。

そのとき、ある禅僧が「水があたたかいか冷たいか、自分で手を入れてみれば、すぐにわかるではないか」と教えたのです。そこから、「冷暖自知」という禅語が生まれました。

他人の言葉に惑わされない

他人の言葉を参考にするのは大事です。しかし、他人の言葉に心を惑わされてはいけません。もしも惑わされたら、自分でやってみることです。そうすれば、おのずと答えがでます。

ある観光地に心がひかれたのであれば、行ってみればいいのです。そうすれば、そこが自分の想像したとおりの魅惑的な場所かどうか、すぐわかるはずです。

心が揺れやすい人は「体験してみて、みずから判断する」という練習をしてみましょう。

12 「かもしれない」を捨て去る

インドから中国に渡って禅の教えを広めた、達磨大師《だるまだいし》のエピソードを紹介します。

達磨大師が、中国で禅の修行をしていたときの話です。弟子のひとりが達磨大師のもとへやって来て、悩みを打ち明けました。「私は一生懸命に努力していますが、いっこうに動揺がしずまりません。心の安らぎを得られません。どうすればいいでしょうか」と。

達磨大師は、「それなら、その動揺する心とやらを、私の前にもってきなさい。そうすれば、心をしずめてあげよう」と言いました。弟子はその後、みずからの内に「動揺する心」を探しましたが、どうしても見つかりません。そこでまた達磨大師のもとへ行って、「『動揺する心』を探しましたが、見つかりませんでした」

と告白しました。

それに対して達磨大師は、「ほら、もう、あなたは心の安らぎを得ている」と述べました。

この話は、「人は往々にして、心配しないでいいことを心配し、動揺する必要のないことで心を動揺させることが多い」ことをあらわしています。

たとえば、ちゃんと暮らしていけるだけのお金があるのに、「将来、お金に困って暮らしていけなくなるかもしれない」と心配する。「夫は私のことを心から愛してくれているけれど、あの人は、いつか私に隠れて浮気をするかもしれない」と不安になる。このような「~かもしれない」ということで心を動揺させている人が、少なからずいます。

達磨大師は、「この『~かもしれない』という考えを捨て去れば、動揺がしずまって安らぎを得られる」と、弟子に説いたのでしょう。

心配しなくていいことで悩まない

13 やらないうちから心配しない

自分が経験していないことに対して、人はつい「不安だ。心配だ。もし問題が起こったらどうしよう」と、あわてふためいてしまいます。

しかし、実際に経験してみると、「何だ、これくらいのことだったのか」と、案外落ちついた気持ちで対処できるのです。

次のような話があります。

会社員のあやかさん（仮名）は、海外へ転勤することになりました。その会社はもともと国内での仕事が多かったのですが、東南アジアへ商売を広げることになり、シンガポールに事務所を置くことになったのです。

その駐在員として、あやかさんが選ばれました。会社はそれだけ彼女を高く評価し、また将来性に期待をかけたのです。

しかし、あやかさんは当初、戸惑いました。海外で生活した経験はありませんし、外国語も十分にはできません。また、国内で働くのとは違い、仕事で何か問題が起こったとき、相談できる友だちは身近にいません。公私ともに、問題は自分で解決していかなければならないのです。「私にできるのだろうか」という不安でいっぱいでした。

しかし、あやかさんは決断し、シンガポールに赴任しました。そして「実際に現地で生活してみると、心配していたほどではなかった。大きな問題はなく、仕事もうまくいっている」というのです。

この事例のように、今まで経験していないようなことをするとき、人の心は動揺しがちです。しかし実際にやってみると、「心配していたほどのことはなかった」と気づくことも多いのです。あれこれ心配するよりも、実際にやってみることが、動揺をしずめるコツになります。

経験にまさる解決はない

14

苦しいときは、自分の思いを優先する

ある商社に勤める女性は、「会社をやめたいけど、なかなかやめる決心がつかない」と言います。

彼女は今、会社のなかで頼りにされている存在です。もし会社をやめれば、職場の人たちに大きな迷惑をかけることになります。それが申し訳なく思えてきて、会社をやめる決心がつかないのです。

しかし一方で、「会社をやめたい」という気持ちも捨てきれません。ほかにやりたい仕事があるからです。彼女は、いつまでもふんぎりがつかず、悩みつづけています。決断力のなさに自己嫌悪の感情が強まり、心が動揺してしまうことも多いといいます。

世間には、この事例のような悩みをもつ人も多くいると思います。まわりの人たちに気を使ったり遠慮したりして、自分自身の思いを実現できない、という悩みです。

こういうケースでは、自分を頼りにしている人たちのために会社に残る、というのも選択肢のひとつです。

しかし、そのために自分が精神的に苦しくなるようでしたら、自分の思いを優先して、会社をやめるのが賢明です。自分がやりたい仕事へと進んでいくほうが、道はひらけると思います。

自分がどう生きていくかを決めるのは、最終的には自分自身です。まわりにいる人たちではありません。辞表をだせば引き止められるかもしれませんが、自分の人生の最終決定者は自分なのです。

もし会社をやめて、自分がやりたい仕事へ進むことで幸せになれるのなら、まわりの人たちも支持してくれると思います。

進路を決めるのはまわりではなく自分自身

15

取り越し苦労をしない

「杞憂《きゆう》」という言葉があります。「ありえないことを、あれこれ心配すること」という意味です。「杞憂に終わった」というのは、「いろいろと心配していたことは、起こらずにすんだ」という意味です。

この「杞憂」という言葉の語源には、次のようなエピソードがあります。

昔、中国に「杞《き》」という国があって、その国に「もし、天が地上に落ちてきたら、たいへんな事態になる」と心配する男がいました。「そうなれば、私は天に押しつぶされて、死んでしまうことになるだろう。自分ばかりではない。たくさんの人が死ぬだろう」と、心配がどんどんエスカレートして、その男は食事がのどを通らなくなり、夜も眠れなくなってしまいました。そして、とうとうノイローゼになってしまいました。

「杞憂」の「憂」には、「心配する。思い悩む」という意味があります。しかし、常識的に考えれば、天が地上に落ちてくることなどありえません。そこで、「ありえないことを心配する」という意味で「杞憂」という言葉が生まれたのです。「杞憂」という言葉が生まれ、一般に広まっていった背景には、それだけありえないことを心配する人が数多くいた、という事実があります。

現代でも、たとえば、大した病気でもないのに胃がちょっと痛むだけで「ガンではないか。もしガンだったら、私は何年も生きていけない」と心配する人がいます。病院で精密検査をして「異常なし」という結果がでても、「いや、きっとガンを見落としたに違いない。やっぱり私は、もう長くない」と思い悩みます。そのために心の病気になってしまう人もいるのです。

「本当の危険」と「ありえない危険」とを、正確に見分ける能力をもつことが大切です。それも、よけいなことに心を動揺させずに生きていくコツになります。

「本当の危険」と「ありえない危険」を見分ける

16 どんな人とも、好意的につきあう

「相性の悪い人と一緒にいると、どう接したらいいかわからずに、気持ちが動揺する」という人がいます。

そのような人のために、禅のエピソードをひとつ紹介します。

ある禅僧の寺に、ひとりの修行者が訪ねてきました。禅僧は修行者に「あなたは昔、この私を訪ねてきたことがありましたか？」と尋ねました。

その修行者は「以前、一度お訪ねしたことがあります」と答えました。すると禅僧は、にっこり笑って「まあ、お茶でも飲んでいってください」と、やさしく言いました。

その後、また別の修行者が、その禅僧を訪ねてきました。禅僧は相手に「あなたは昔、この私を訪ねてきたことがありましたか？」と、同じことを尋ねました。

相手は「いいえ、初めてお訪ねしました」と答えました。すると禅僧は、にっこり笑って「まあ、お茶でも飲んでいってください」と、やさしく言いました。

このエピソードは、相手が以前訪ねてきたことのある人間であっても、そうでない人間であっても、分け隔《へだ》てることなく、やさしく接することが大事だ、ということを説いています。

さらにいえば、「どのような相手であっても、人に対しては朗らかに、やさしく接していくことが大事だ」と説いているのです。

人は往々にして「相性の悪い相手には、何か特別なつきあい方をしなければならない」と考えがちです。しかし、そう考えるから、かえって戸惑うのです。

相性が良い悪いでつきあい方を変える必要はなく、好意的につきあっていけばいいのです。そのように考えていくほうが、人間関係で戸惑うことはありません。

相性が良くても悪くても、同じように接する

17

第一印象だけで人を判断しない

人は、第一印象で、相手を判断することがよくあります。

「あの人とは、気があいそうだ」とか、「この人とは、どうも相性が悪そうだ」といった具合です。

第一印象によって相手に好意を感じることもあれば、場合によっては毛嫌いしてしまうことや、「このタイプの人は、どうも苦手だ」と戸惑うこともあります。

第一印象は何によって決まるのかといえば、多くの場合は「見た目」だと思います。相手の顔や身なりです。

しかし、初めて会った相手を、見た目によって「この人は、こんな人だ」と判断してしまうのは良いことではないと思います。

ロシアの小説家であるドストエフスキーは、「人を愛することに不慣れな人は、相手の見かけが、愛することのさまたげになることが多い」と言いました。「見かけが、愛することのさまたげになる」とは、初めて会った人をその見かけによって「相性が悪そうだ」とか「苦手なタイプだ」と決めつけて、好意的になれない、ということです。

また、「人を愛することに不慣れである」とは、言いかえれば「その人が人間的に未熟であり、相手に対して深い人間愛をもてない」ということを意味していると思います。

人間的に円熟している人は、深い愛情をもって人に接します。見かけによって相手を分け隔てることはしません。どのような相手に対しても、好意的に接することができます。したがって、相手の見かけから受ける印象によって、戸惑ったり動揺したりすることはないのです。

そのように考えて、誰に対しても好意的に接するといいと思います。

円熟した人間は、相手に苦手意識をもたない

18

「それが運命だから」とひらき直る

突発的なアクシデントに見舞われるとき、人の心は激しく動揺するものです。あらかじめ「こういうことが起こる」と予測できていればいいのですが、アクシデントの多くは、予測が難しいものだと思います。

言いかえると「想定外のできごと」なのです。当事者とすれば、大いにあわてふためき、「どうすればいいんだ」と動揺することになります。

ここで、江戸時代後期の禅僧、良寛《りょうかん》のエピソードを紹介します。

良寛が、晩年に差しかかったときのこと。良寛が暮らす越後地方（現在の新潟県）に、大きな地震が起きました。越後は良寛の生まれ故郷でしたから、親類や知人もたくさん暮らしていました。

幸いに無事だった良寛が、地震にあった知人のひとりに見舞いの手紙を送りま

した。その手紙には、

「災難にあうときは、災難にあえばいいのです（意訳）」

という言葉がありました。良寛は「人の運命というものは、自分ではどうすることもできない。災難にあうときは、それが自分の運命なのだから、災難にあうしかない。私は、そのように、いい意味でひらき直って生きてきました。ゆえに、今回の地震にも、それほど心が動揺することはありませんでした。平然としていられます」といったことを述べたのです。

ふだん、「災難などにはあいたくない。災難にあうのはイヤだ」と考えているから、いざ想定外の災難にあうと、心が動揺するのです。

一方、「そのときは、それが自分の運命なのだからしょうがない」とひらき直っていれば、突発的なアクシデントにも動揺せずにすみます。

想定外のできごとに、心を動揺させない

19 相手によっては距離を保つ

会社員の麻美さん（仮名）には、次のような経験があります。

職場に、新入社員が入ってきました。麻美さんにとって初めての後輩です。「まだ仕事に慣れない後輩のために、親切にしてあげよう」という気持ちから、いろいろと面倒を見て、やさしく、ていねいに指導しました。

しかし、後輩はいちいち反抗的な態度をとってきました。

麻美さんが後輩に対して意地悪をしたとか、先輩として上から目線で偉そうな態度をとった、というのならわかります。しかし、麻美さんがやさしく、良き友人のような態度で接しているにもかかわらず、後輩はいちいち反抗してくるのです。

「なぜなのか？　どうすればいいのか？」と心が動揺し、麻美さんはつらい思いをしているといいます。

この麻美さんのように、「相手のためを思って親切にしているのに、反抗的な態度をとられる」ということが、人間関係ではよくあるものです。

これは恐らく、相手の「何でも自分でやりたい」という性格が影響しているのでしょう。

そのような相手とは、ある程度、距離感を保っていくほうが賢明です。

職場の先輩として、基本的なことを教えたら、その後はあえて親切に仕事のやり方を教えてあげなくてもいいでしょう。

相手から質問されたときに、必要なことだけを答えるようにすればいいのです。

自主性のある相手とは、そのように距離を保って事務的につきあっていくほうがいい結果がでると思います。

また、それが自分の心の平静を保つコツになります。

相手によっては、事務的につきあう

3章

どこかに逃げ道をつくっておく

20 ひとつの方法にこだわらない

今まで経験したことがないことに新しくチャレンジするとき、人は必ず、どこかで大きな壁にぶつかります。

そこで、精神的に動揺し、「私はこの壁を乗り越えていけないかもしれない」と悲観的な気持ちになる人もいるかもしれません。

そのような状況にあるとき、参考になる言葉を紹介します。

アメリカの女性実業家、メアリー・ケイ・アッシュは、美容業界で自分の会社を立ちあげて成功した人です。

アメリカは女性の社会進出が進んでいる国ですが、しかしそれでも、女性が自分で事業を興して拡大していくにあたっては、多くの困難に直面していたと思います。このアッシュは、「行き止まりに突きあたったら、回り道をすることだ」

と言いました。

自動車を走らせていると、道が突然行き止まりになっていることがあります。そんなとき、人はどうするでしょうか。目的地へ到達するために、回り道を探すはずです。アッシュは、「人の人生も、それと同じだ」と言っているのです。

仕事でも、人生においても、大きな問題に直面することがあります。

そういうときは、回り道をしてみると、状況を打開できる場合があります。

「回り道をしてみる」とは、「今までやってきたこととは、別の方法を試してみる」ということです。

人生の目的地に至る道はひとつではありません。ですから、ひとつの方法でダメでも、別の方法を試してみればうまくいくこともあるのです。

「必ずどこかに、この壁の向こう側に通じる道があるはずだ」と信じることで、動揺する気持ちもおさまります。

壁に突きあたったら、「回り道」をしてみる

21

瞑想を日課にする

近年は「マインドフルネス」を実践する人が増えたといいます。

マインドフルネスとは、心をしずめるため、また落ちこんだ気持ちを立ち直らせるためにおこなう心理療法のひとつです。アメリカで生まれて盛んになり、それが日本でも広まりましたが、じつは基本は、仏教にあります。

マインドフルネスの実践方法のひとつが、「瞑想」です。

仏教の創始者であるブッダが生きていた時代から、心の安らぎを得る方法として瞑想が重視されてきました。ブッダ自身が、まさに瞑想によって悟りを得たと言ってもいいのです。

瞑想をおこなうには、専門の教室やお寺に通う方法もありますが、自宅で、ひとりでも手軽にできます。

静かな部屋で、ゆっくり深呼吸をします。

座布団に座っても、椅子に腰かけても、どちらでも構いません。

そして、自分の呼吸に意識を集中させます。

肉体的な動きに意識を集中させることで、そのあいだ、心を悩ませる問題を忘れることができます。

また、深い呼吸をくりかえすこと自体に、気持ちを安らげる効果があります。

この瞑想を日課とし、日常生活に取り入れていくことも有意義だと思います。

動揺する心をしずめ、また安らかに暮らしていくためにとても役立ちます。

落ちこんだ気持ちを立ち直らせる

22 ムシャクシャした日は、早めに寝る

インドにおもしろい神話があります。

この世に初めて生まれでた男女がいました。その男女は結婚しましたが、夫が先に死んでしまったのです。夫に先立たれた妻は心が動揺し、激しく泣きつづけました。

その様子を見て哀れに思った神様が、この世に「夜」をつくりだしました。当時、この世には「昼」しかなかったのです。夜になると太陽が沈み、辺りは暗くなりました。妻は眠気に誘われて、眠りこみました。

翌朝、妻は目を覚ましました。すると、眠っているあいだに動揺はおさまり、涙も流れなくなっていたのです。

この話は、「つらい経験をして心が動揺することがあっても、一晩ぐっすり眠れば、ずいぶん気持ちが落ちつくものである」ということを物語っています。

つまり、「眠る」ことには、心を癒す効果があるのです。

仕事で失敗したり、友人とケンカをしたりして、気持ちがムシャクシャすることがあった日は、とにかく早めに眠ってしまうのも、気持ちをしずめるためのひとつの方法です。

ぐっすり眠れば、翌日には気持ちがスッキリします。

ただし、体を横にしても、その日にあったイヤなことが思いだされて、なかなか眠れないということもあります。

そうならないためには、寝る前に心身ともにリラックスする瞑想の時間を十分に取ったり、寝る30分以上前に適度な運動をしたりする方法があります。

そうすることで寝つきが良くなるのです。

一晩ぐっすり眠るだけでもスッキリする

23 ひとりきりで思い悩まない

人に会うと、今まで思い悩んでいたことが、スッと晴れることがあります。人に会うことでヒントが得られ、心に整理がつき、自分がこれからどう生きていけばいいかが明確に見えてくる場合があります。

とにかく、ひとりでクヨクヨと悩みつづけないことが大切です。したがって、良いアドバイスや解決のヒントを与えてくれる人に、自分から積極的に会おうとする気持ちが大事です。

禅の言葉に、「我、人と逢《あ》う」というものがあります。これは曹洞宗《そうとう》の開祖、道元《どうげん》の言葉です。

道元は、京都の貴族の家に生まれましたが、10代でその地位をみずから捨てて出家しました。そして、比叡山《ひえいざん》で天台宗の教えを学びますが、なかなか納得するものが得られず、約3年で山を下りました。しかし、やはり納得するものを得られず、その後、禅宗のひとつである臨済宗《りんざいしゅう》の建仁寺《けんにんじ》で禅の修行をはじめました。その後、中国大陸に渡りました。

当時の道元は、「自分は僧侶として、どう生きていけばいいのか。仏教とは、また禅とは、どうあるべきか」という問題について、はっきりとした答えを見つけられずにいたのです。そのために、いろんな師匠のもとで教えを乞《こ》うたのです。そして、中国大陸で天童如浄《てんどうにょじょう》という禅師とめぐり会い、それまで心を悩ませていた問題をやっと解決できました。

「我、人と逢う」とは、そのときの道元の言葉です。「人」とは天童如浄のことであり、また「良き指導者、良きアドバイザー」といった意味にもとらえることができます。心の迷いを晴らすために、良き指導者、良きアドバイザーに会いにいく、という方法もあるのです。もちろん、相手は親しい友人でもいいでしょう。

良きアドバイザーに会いにいく

24 チヤホヤされても、謙虚でいる

人生には「持ちあげられておいて、突き落とされる」ということがあります。

とくに芸能界などでは、よくあることでしょう。デビューしたてのときは、マスコミなどで盛んにチヤホヤされ、人気も急上昇します。しかしその後、ちょっとしたスキャンダルなどが発覚すると、たちまちバッシングがはじまります。

つい先日まで「あなたはすごい。天才だ」とほめてくれていた人たちが、今度は一転して「あなたには芸能人の資格がない」などと悪口を言いはじめるのです。

じつは、こういうことは、会社の新入社員に対してもよくおこなわれます。仕事をはじめて間もないころは、上司も先輩も「あなたは仕事ができるね」「あなたがこの部署に来てくれてうれしいよ」「あなたには特別、期待しているからね」と、盛んに持ちあげてくれます。

しかし数か月後、その人が仕事ができないと、一転して厳しい態度で接してくるのです。「いつまでも甘えるんじゃない」「そんな仕事もまともにできないのか」「あなたのせいで、みんな迷惑しているんだ」といった調子です。まさに、「持ちあげておいて、突き落とす」という状況です。そこで動揺して、仕事への意欲を失う人もいます。

ただし、おもしろいもので、突き落とされるような経験をしても、あまり気にせず平然と仕事をつづける人もいます。それはどのようなタイプかといえば、「当初、まわりからチヤホヤされても、いい気にならなかった人」です。「あなたは、すごい」とほめられても、「いいえ、私はまだまだです」と謙虚に考えていた人です。

チヤホヤされて、いい気になって、「こんな仕事、楽勝だ」と甘く考えていると、のちに突き落とされたとき、落ちこんだり悩んだりするのです。

平然と謙虚な気持ちでいることも、「動じない生き方」のコツです。

謙虚でいれば、突き落とされても気にならない

25 出世をしても、おごらない

禅の言葉に、「勢い使いつくすべからず」というものがあります。「勢いに乗って絶好調だからといって、いい気になってはいけない」といった意味の言葉です。

次のようなエピソードがあります。

中国の宋《そう》の時代、ひとりの禅僧が、ある大きな寺に住職として就任することになりました。いわば寺のトップの座に就いたのです。これは、たいへん名誉なことです。本人も、たいへん晴れがましい気持ちでいました。

新しく住職に就任した禅僧に、その人の師匠にあたる人がアドバイスしたのが、「勢い使いつくすべからず」の言葉です。つまり、「あなたの運勢は今、勢いがある。だから、名誉ある住職の地位にも就けたのだろう。しかし、けっして、いい気になってはいけない」と言ったのです。

出世をすると、人はつい有頂天になります。おごり高ぶった気持ちを起こします。しかし、そこでいい気になって、偉そうな態度をとったり、わがままなことをはじめたりしたら、「たいした人間でもないくせに、何だ、あの態度は」と悪口を言いだす人が、必ずあらわれます。「その座から引きずりおろしてやろう」と考える人もあらわれるかもしれません。

せっかく晴れがましい地位に就いたのに、悪口を言われたり足を引っ張られたりしたら、苦しい状況に追いこまれます。動揺し、つらい思いをすることにもなります。

そうならないために「いい気になってはいけない。こういうときこそ謙虚であれ」と、師匠はアドバイスしたのです。謙虚でいれば、まわりは「さすがに、あの人は立派だ」と評価してくれます。そうなれば、つまらないことで動揺することもないのです。これは、出世したときの心構えになる禅語だと思います。

いい気にならず、謙虚でいる

26

ほどほどのペースを知る

まじめな性格の人には、「がんばりすぎてしまう」という傾向があります。

会社に就職したら、「いい成果をだそう」「早く認められたい」という気持ちから、ついがんばりすぎてしまいます。

子供が生まれたら、「いい親になりたい」と、やはりがんばりすぎてしまいます。

「がんばる」ことは、もちろん、人の生き方として大切なことです。

しかし、「がんばりすぎる」と、いろんな心の問題が生じてくるのも事実です。

仕事でも家庭でもそうですが、いくらがんばったとしても、期待どおりの結果がでるとはかぎらないのです。

仕事で成果がでず、上司から叱られることもあるかもしれません。

子育てでうまくいかないことも多いかもしれません。

そんなとき、がんばりすぎタイプの人は、「こんなに努力しているのに、どうしてなんだ」と心を揺さぶられることになります。そして、「私はいくらがんばっても成果をだせない、ダメな人間なんだ」という思いにかられて、人生を悲観的に考えてしまうのです。

仏教に「中道《ちゅうどう》」という言葉があります。これは、「がんばりすぎず、かといって、なまけることもなく、自分のペースでほどほどにがんばっていく」といった意味です。

この中道という考え方にのっとって生きていくことが、人間にとって一番幸せなことだと、仏教は教えているのです。

ついついがんばりすぎてしまうという人は、この中道という生き方を身につけることが大切だと思います。そうすると、もし思うような結果が得られない事態に直面しても、それほど心を動揺させずにすむでしょう。

「中道」という生き方を身につける

27 ほどほどのペースを守っていく

仏教の創始者であるブッダは、紀元前5世紀ごろ、現在の北インドからネパールの辺りを支配していたシャカ族の王子として生まれました。名前はゴータマ・シッダールタといいます。

ブッダは29歳のときに、王族としての地位や財産など一切を捨て去って出家します。彼は当初、悟りを得るための苦行をおこないました。何か月ものあいだ、飲まず食わずの断食をおこなうという、非常に過酷《かこく》なものでした。

また、森のなかで、やはり何か月ものあいだ、瞑想をおこないました。暑い地域の森ですから、虫などもたくさんいて、肌を刺されることもあります。それでも、じっと動かずに瞑想をつづけたのです。彼は、6年間、そのような苦行に必死になって取り組みました。しかし、「いくらがんばって苦行に耐え抜いても、悟りは得られない。がんばりすぎることは、かえって自分自身に『ここまでがんばっているのに、なぜ悟りを得られないのか』という焦りや欲求不満の感情を生みだす」と気づきました。

そして、苦行を捨てたのです。彼は、「大切なことは、苦行に耐えていくことではない。心の安らぎを得ることだ。心の安らぎを得るためには、がんばりすぎるのでもなく、なまけるのでもなく、ほどほどのペースで努力していくことが大切だ」と考えるようになりました。それが仏教で言う「中道」の思想です。その結果、シッダールタは悟りを得てブッダとなりました。

仕事の目的は「成果をだす」ことですが、がんばりすぎて働くことが苦しく思えてくるようではいけません。仕事は、苦行ではないのです。安らかな気持ちで楽しく働き、それで成果をだしていくという働き方が賢明です。そのためにモットーにしたいのが、「ほどほどのペース」という仏教の中道思想なのです。

心安らかに働き、成果をだしていく働き方がいい

28 ときには「他人の得」を優先する

「自分の得になること」よりも、「他人の得になること」を優先するほうが、結果的に自分自身が大きな満足感を得られる、ということが人生にはよくあります。

江戸時代の昔話に次のようなものがあります。

ふたりの禅僧が旅をしていました。途中、日が暮れたので、宿場町で宿を探すことにしました。その宿場町には、2軒の宿がありました。1軒は、立派な建物で、いかにも高級そうな宿です。もう1軒は、みすぼらしい建物の宿です。双方とも宿泊料は同じです。

ひとりの禅僧は、「同じ値段なら、高級な宿に泊まるほうが得だ」と考えました。

しかし、もうひとりの禅僧は、「きっと多くの旅人は、自分の得を考えて高級な宿に泊まろうとするだろう。みすぼらしい建物の宿は、客が集まらずに困っているに違いない。人助けだと思って、私は、みすぼらしい建物の宿に泊まる」と言いだしました。そこで、ふたりは別々の旅館に泊まることになりました。

翌日です。高級な宿に泊まった禅僧は、「あんな宿に泊まるんじゃなかった」と、後悔しています。「客ですごく混みあっていて、寝る場所もろくになかった。風呂も混んでいて、ろくに湯船につかれなかった。食べ物も、客が多くてろくなものをそろえられないという理由から、まずいものばかりだった」と言うのです。

一方で、みすぼらしい宿に泊まった禅僧は、客が少なかった分、心のこもったもてなしを受けて、とても満足そうにしていました。

人生では、この話にあるようなことが、よくあります。「自分の得」を優先する人は、期待外れの欲求不満から心をかき乱されることも多いのです。一方で、「他人の得」を考えることができる人は、相手から大切にされて、大きな満足感を得ることが多いようです。

他人の得を考えると、大きな満足感が得られる

29

「理想」と「現実」の折りあいをつける

「～ねばならない」という意識にしばられて生きている人がいます。

このタイプの人は、とかく心が動揺することが多いようです。

次のような笑い話があります。

その日は、元日でした。ある男性は、「元日は、元日にふたつの「～ねばならない」という考えがありました。ひとつは、「元日は、前の年の年末におこなった大掃除によって、家のすみずみまできれいでなければならない」という考え。もうひとつは、「元日は、めでたい日だから、怒ってはならない」という考えでした。

さて、いくら年末に一生懸命、大掃除をしても、人が毎日暮らしている家ですから、ゴミのひとつくらい落ちています。それが自然です。しかし、彼には「～ねばならない」という意識があり、廊下のすみのゴミを見つけて、「何ということだ。あってはならないことだ」と、思わずカッと逆上しました。しかし、「正月早々、怒ってはいけない」と思いだし、怒りの感情を抑えようとしました。しかし、怒りを抑えよう、しずめよう、とすればするほど、ますます腹立たしく思えてきて、心が乱れていくばかり。「～ねばならない」という意識にしばられている人は、このようなジレンマにおちいることがよくあるのです。

「結婚生活は幸せなものでなければならない」という意識にしばられたまま、結婚をする人がいます。もちろん、それが理想なのでしょうが、実生活は理想どおりにはいきません。思いどおりにならないこと、互いに相手に不満をもつこともあるでしょう。そんなとき、「幸せでなければならない」という意識にしばられている人は動揺し、結局は結婚してすぐに離婚することになる場合もあります。「～ねばならない」ではなく、「幸せになるために努力していこう」というくらいに考えておくほうがいいのです。

「～ねばならない」ではなく、「～のために努力する」と考える

30 相手のペースに巻きこまれない

身近にいる「感情の起伏が激しい人」とのつきあい方に困っている、という人もいると思います。

明るく笑っていたかと思うと、悲しげな顔になって悩みごとを訴えてきたりします。昨日まで仲良くつきあっていたのに、今日はひどく不機嫌そうで、話しかけてもろくに返事もしてくれません。何かあったのかと思い、「私にできることがあれば、力になろうか」と言ってあげると、「ふだんは私のことなんてどうでもいいと思っているくせに、急に親切なことを言わないでよ」と怒りだしたりします。

こんな感情の起伏の激しい人がそばにいたら、自分自身まで精神的に疲れてきてしまいます。「どうして怒ったり、不機嫌そうな態度をとるの？　私、何か悪いことをした?」と、自分自身の心まで動揺してきます。

感情の起伏の激しい人とうまくつきあっていくコツは、相手の感情に巻きこまれないように注意するということです。

相手が不機嫌そうな態度をしていたからといって、心配しないほうが賢明です。少し冷たい態度に思われるかもしれませんが、突き放しておくほうがいいと思います。そこで心配して、「どうしたの」などと声をかけると、それをきっかけに相手のペースに巻きこまれていってしまうことになりかねません。

もし、相手が怒りだしたとしても、ムキになって言い返さないことです。相手が怒りたいのであれば、勝手に怒らせておけばいいのです。

このように距離を置いてつきあっていくことで、相手のペースに巻きこまれることはなくなります。

こちらまで心を動揺させられるということもなくなるのです。

感情の起伏が激しい人とは距離を置く

4章

すでにある
自分らしさに気づく

31

自分ならではの生き方を見つける

フランスのファッションデザイナー、ココ・シャネルは、世界的に有名なブランド「シャネル」の創業者です。彼女は20代のとき、みずからデザインした女性向けの帽子を販売する店をひらき、成功しました。

その後、第2次世界大戦が起こり、シャネルはスイスに亡命し、ファッション業界の第一線から身を引いたのです。

終戦後にフランスへ戻り、再びファッション業界で仕事をはじめました。しかし、なかなかうまくいきませんでした。「シャネルのデザインは古臭い」と、批判されたからです。そのときに述べたシャネルの言葉が、

「自分がどう生きるか決めたとき、人はクヨクヨしなくなる」

というものです。もちろん彼女自身、「古臭い」などと批判されて、心が動揺

したと思います。しかし、「どんなことを言われようと、私はファッションの世界で生きていく」と決めました。

「そう決めたら、心が動揺することはなくなった。どんなことを言われても平気に思えてきた」と彼女は述べているのです。

その後、シャネルのブランドはアメリカで人気を得て、世界中に広がっていきました。

覚悟が定まれば、批判されても動揺しない

仕事で成功すると、必ずといっていいほど、批判する人があらわれます。

とくに女性の成功者というのは、批判されやすいといえるかもしれません。

しかし、「これが私らしい生き方だ。私はこの生き方を貫いていく」という覚悟が定まっていれば、批判されても動揺することはないと思います。

このシャネルの言葉は、自分らしく生きることの大切さを教えてくれます。

32
結果ばかりにこだわらない

「良い結果がでなければ、何の意味もない」と考える人がいます。

もちろん、結果をだすことは大切です。しかし、結果ばかりに意識をとらわれていると、問題もあります。もし、思うような結果が得られなかったときに、どういう気持ちになるか、という問題です。

結果ばかりに意識をとらわれてきた人は、失敗したら、激しく動揺することになると思います。思い悩んだり、自分を責めたりして、前向きに生きていく意欲を失うことにもなりかねません。

そうならないためには、結果をだすと同時に、その過程も大切に考えることです。

「これまで精いっぱいに努力してきた。私にとっては、いい経験になっている。

昔に比べて、自分は成長できたと思う」という気持ちがあれば、たとえ思いどおりの結果がでなかったとしても、それほど落ちこまずにすみます。

そして「この経験を生かして、次にがんばろう」と、うまく気持ちを切り替えることができるのです。

一方、結果だけにこだわっていると、いい結果がでなかったとき、今までの努力がすべてムダに思えてきてしまうのです。

山登りをするとき、登っていく過程を大切にし、その場その場で見える景色を十分に楽しんでいれば、たとえ途中で体力がつきて頂上までたどりつけなかったとしても、満足感を得られるでしょう。

人生も同じです。過程も大切にすることで、たとえ結果がでなくても、「よくやった」という満足感を得られるのです。

過程も大切にすると、満足感を得られる

33 人生は自分で切りひらく

「一人前になる」ということは、言いかえれば、「指導者に頼ってばかりではいられなくなる」という意味にもなります。

職場でも、またスポーツ競技でも、一人前の人間として自立するまでは、上司やコーチから言われたとおりにやっていれば良いのかもしれません。そうすると、何の問題も起こりませんし、ある程度は評価されます。ですから、自分自身も安心していられます。

しかし、自立したあとは、上司やコーチに頼ってばかりではいられません。どうしたらいいかを自分で考え、答えを見つけだしていかなければならないのです。

そのような立場に立たされたとき、「これからどうやっていけばいいのだろう」と、精神的に動揺してしまう人もでてくると思います。

ここで、仏教のエピソードをひとつ紹介します。

仏教の創始者であるブッダに、死が迫ってきたときの話です。

ブッダは、80歳にして、自分が間もなく死ぬだろうと自覚しました。

それを告げられた弟子たちは、激しく動揺しました。それまで「ブッダを頼りにしていけば、自分も悟りを得られる」と信じていたからです。しかし、もしブッダが死んだら、いったい何を頼りにしていけばいいのかわかりません。

そんな弟子たちに、ブッダは「ひとつには、私の教えを頼りにしなさい。もうひとつには、あなた方自身が、自分を頼りにして生きていくことが大切です」と言いました。

つまり、「指導者からのアドバイスを守ると同時に、自分の創意工夫によって人生を切りひらいていきなさい」と、ブッダは教えたのです。

「自立を覚悟したとき、動揺もおさまる」ということです。

自立を覚悟したとき、心は落ちつく

34 足もとを見る

「職場の同僚が自分よりも先にやりがいのある仕事を任されて、大活躍して、認められていく」ということがあります。

また、「友人が自分よりも先に結婚し、幸せな家庭を築く」ということもあります。

そういう状況では、自分ひとりだけが置いてきぼりにされたと思えてきて、心が動揺します。「早く、あの人に追いつきたい」と、気持ちが焦ってきます。

このとき、他人の成功を刺激にして自分をふるい立たせて、やる気がでればいいのですが、ただし、注意が必要です。

気持ちをあまり焦らせてしまうと、やる気が空回りして、かえって悪い結果を招くことになりかねない、ということです。

そうなれば、「どうがんばっても、あの人にはかなわない」という自己嫌悪の感情が生まれて、気持ちが落ちこんでしまいます。

禅の言葉に、「脚下《きゃっか》を見よ」というものがあります。

これは、「自分の足もとを見ることが大事だ」という意味で、言いかえれば「上ばかり見ていてはいけない」ということです。

気持ちを落ちつけて、今やるべきことをしっかり見つめて、着実に進めていくことの大切さを伝えています。

自分よりも活躍している人、先に幸せを手にした人など、上にいる人のことばかりを意識すると、気持ちが焦り、今の自分自身がふがいなく思えて、今やるべきことがおろそかになってしまいます。

自分よりも先に行く人には、いつまでも追いつけません。

上ばかりを見ず、自分の足もとを見ることを忘れないようにしましょう。

今やるべきことを大切にする

35 他人の言葉を真《ま》に受けない

人は、他人にレッテルを貼るのが好きなようです。「あの人は根暗だ」「だらしない人だ」といったように、単なる一面だけを見て、「あの人は、こういう人だ」と決めつけてしまうのです。

誰かからマイナスイメージのレッテルを貼られてつらい思いをした、という経験がある人もいると思います。たとえば「あなたって、暗い性格なのね」などと、ひと言で決めつけるような言い方をされたら、心が動揺します。つらく悲しい気持ちになります。

このような場合に大切なのは、「他人の言葉を真に受けない」ことです。

心理学に「ラベリング理論」という言葉があります。「ラベリング」とは、いわゆる「レッテル貼り」のことです。仮に、誰かから「あなたは、だらしない人だ」というレッテルを貼られたとします。その言葉を真に受けると、自分の「だらしない性格」がますますエスカレートしていく傾向があるのです。

たとえば、10代の少年が「非行少年」というレッテルを貼られます。すると、その本人のなかで「僕は非行少年として見られているんだ」という意識が強まります。その結果、非行があらたまるどころか、ますますエスカレートしていく、ということがよく起こります。

これが「ラベリング理論」です。あるレッテルを貼られると、そのレッテルどおりの人間になってしまうのです。

そうならないためには、もし誰かからマイナスの言葉を言われたとしても、真に受けないことです。「よく知らないくせに、勝手なことを言っている。まあ、言いたいなら、言わせておけばいい」と、軽く受け流してしまうほうが賢明です。それが「ラベリング理論」から逃れるコツになります。

レッテルを貼られたら、軽く受け流す

36

「自分はどうしたいか」を考える

人は、誰かに期待されれば、その期待に応えたいと思うものです。

それは自然なことだと思います。

ただし、注意も必要です。ある人の期待と、また別の人の期待とが食い違うことがあるからです。

たとえば、夫からは「女性であっても社会にでて活躍してほしい。やりがいのある仕事をもって、イキイキと活動している女性が好きだ」と言われるとします。

しかし一方で、姑《しゅうとめ》からは「女性は結婚したら家庭に入るべきだ。外で仕事なんていどせずに、家のことをしっかりやっていくべきだ。そういうお嫁さんになってもらいたい」と言われるかもしれません。

夫の期待に応えようとすれば、姑の期待を裏切ることになります。

姑の期待に応えようとすれば、今度は夫の期待に応えられなくなります。ですから、両人の期待に応えようとすれば、頭が混乱して、自分の人生がつらくなっていくばかりなのです。

いわば、「こちらを立てれば、あちらが立たず、あちらを立てれば、こちらが立たず」といった状態です。自分に期待をかけてくる人たちが、どちらも自分にとって大切な人である場合には、動揺はいっそう大きくなります。

動揺しないためには、「自分自身は、このように生きていきたい」と、あらかじめ考えておくことが大切です。

「自分は仕事をもって外で働きたい」「自分は専業主婦でありたい」など、自分自身の考えをもっておいて、そのとおりにすればいいのです。

人の期待に応えることは大切であるにせよ、「自分はどうしたいか」という意思をもっていないと、動揺はおさまりません。

人の期待に振り回されない

37 「ひとりで過ごす時間」に慣れておく

「孤独になると、心が動揺してくる」と言う人がいます。さみしさから、自分が仲間はずれにされているような気持ちがわいて、心配になってくるのです。

そのため、たとえひとりでいるときにも、ＳＮＳやメールなどでしょっちゅう友人たちと連絡を取りあいます。どこかへ遊びにいくときも、ひとりで行くことはありません。お昼ごはんも、いつも誰かと一緒です。

とにかく、ひとりになるのが怖いのです。

このようなタイプの人は、比較的若い世代に多いようですが、これから強い人間に成長していくためには「さみしさに耐える力」を養うほうがいいと思います。

というのも、職場などでさまざまな人と出会うなかでは、意見が対立し、孤立してしまうこともありえるからです。

また、自分という人間を理解してもらえずに、孤独感を感じる場合もあると思います。自分らしい生き方を実現するつもりが、まわりから誤解されて、孤立感を感じることもあるかもしれません。

長い人生のなかで、人は何度かそういう経験をせざるをえないときがやってくるのです。そのようなときに、さみしさに耐える力がないと、心が動揺しやすいです。どうしたらいいのかがわからず、自分自身を見失いがちです。

そうならないためには、若いうちから少しずつ「ひとりで過ごす時間」に慣れて、さみしさに耐える力を養っておくほうがいいと思います。

それは、もし孤立しても動揺することなく、自分自身をしっかり支える力になります。

さみしさに耐える力を養う

まわりの人たちとの人間関係を大切にしながら、ひとりでものを考え、ひとりで行動する習慣を身につけることが、たくましく生きていくコツです。

38 「いい人」をやめてみる

いわゆる「いい人」ほど、気持ちが動揺しやすい、といわれます。

いい人は、一般的に、動揺してもあまり感情を外にだしません。表面的にはいつも穏やかで、やさしくほほえんでいます。感情的になって取り乱すことも、ありません。

しかし内心では、他人のちょっとした言動に傷ついたり、動揺したりしているのです。きっと、意識して表にださないように努めているのでしょう。

いい人は、「人から嫌われたくない。みんなから除《の》け者にされたくない」という気持ちが非常に強いのです。

そのために、人の言うことに反対意見をとなえることなどありません。

自己主張もあまりしません。大人しく、まわりの人たちに同調していきます。

そうしながら、まわりの人たちが自分をどう見ているか、どう思っているかを注意深くチェックしているのです。そして、まわりの人たちが自分に対して、少しでも不機嫌そうな態度をとったりすると、そのことをひどく気に病みます。こういう精神状態で人とつきあうことは、とても強いストレスをもたらします。それは、本人にとって不幸なことだと思います。

こういう「いい人」の傾向のある人は、「いい人をやめると、まわりの人から嫌われてしまうのではないか」という恐怖心をもっています。

しかし実際のところ、自然な感情を外にだしても、相手を傷つけることがなければ、嫌われることなどは滅多にありません。まわりの人たちと、自然な形でつきあっていけるようになるだけです。

そう理解すると、必要以上にいい人を演じるのをやめることができ、気持ちがラクになります。そして、ちょっとしたことで動揺することもなくなります。

感情を外にだして、自然なつきあいをする

39

悪口に対して言い返すのをやめる

誰かから、面と向かって「だから、あなたはダメなんだ。あなたは、おろかな人間だ」などと悪口を言われることがあります。よかれと思ってのアドバイスや助言などの場合もありますが、たいていは、こちらの気持ちを傷つけてやろうという意図があっての悪口です。

誰かから悪口を直接言われたら、もちろん心が動揺します。「どうして、こんなにひどい言われ方をされないといけないの」と腹が立ちますし、言い返したくもなります。

しかし、そういう人に対しては「相手にしない」という対処法が、もっとも賢明です。

仏教の創始者であるブッダも、こういう場合は相手にしないのがもっとも賢い、と説いています。その理由を、次のようなたとえ話で説明しました。

ある人から、食事を提供されたとします。このとき、自分が食事を受けとらなかったら、誰のものになるでしょうか？　その食事は「自分のもの」にはなりません。「提供者のもの」であるはずです。

このたとえ話では、「食事を提供される」ことが、「悪口を言われる」ことを指しています。「おろか者」などと悪口を言われたとき、感情を乱してムキになって反論すれば、自分が「おろか者」になってしまいます。「おろか者」という悪口が「自分のもの」になってしまうのです。

しかし、悪口をそのまま返してしまえば、相手のものになります。悪口を言った本人が、まわりから「あの人はおろか者だ」とみなされるようになるのです。

このように、誰かから悪口を言われたときは、反論しないほうが賢明といえます。

悪口は「相手にしない」のが賢い

40

「価値観は違ってあたり前」と考える

相手から「私はそうは思わない」と言われたり、「あなたの意見は間違っていると思う」と否定されたりすると、気持ちが動揺してしまう人がいます。

とくに、仲のいい友人や恋人から異なる意見や反対意見を言われると、動揺する人が多いようです。

それほど近しい間柄ではない相手とは、はじめから「価値観が違う」という前提でつきあっていますから、異なる意見や反対意見を言われても、あまり動揺することはありません。

しかし、仲がいい相手に対しては「同じ価値観であってほしい」という思いが強くなり、自分の考えのすべてに「私もそう思う。あなたの言うとおりだと思う」と同調してほしくなるものです。

ですから、「私はそうは思わない」などと言われてしまうと、いつも激しく動揺することになるのです。

何か期待を裏切られたように思えて「私とこの人は、じつは、それほど仲が良くないのかもしれない」といった不信感をもつこともあります。

仲のいい友人や恋人とは、たしかに、考え方も価値観も共通点が多いのでしょう。

しかし、もともと別の人間なのですから、すべてが一致するわけはありません。

それを理解したうえで「意見が違うから、じつは仲が良くないのかもしれない」と考えるのではなく、「仲がいいからこそ、違う意見を率直に言いあえる。違った意見をだしあって、いい話しあいができる」と考えたほうが賢明です。

そう考えると、相手との絆がいっそう強くなっていきます。

仲がいいからこそ、率直に話しあえる

5章

目の前のことをちゃんと見る

41

急ぐときこそ慎重になる

「せっかちのしくじり」ということわざがあります。

「せっかち」は、もともと「急《せ》きがち」という言葉から転じたといわれます。「急き」には「先を急《いそ》ぐ」という意味があり、そこから「せっかち」には「とかく落ちつきがなく、先を急いでばかりいる性格の人」という意味が生まれてきました。

「しくじり」は、「失敗」という意味です。つまり「せっかちのしくじり」とは、「焦って先を急ぐ人は、とかく失敗することが多い」という意味になります。

たとえば、「仕事の結果を早くだしたい」と焦る人は、「みんなから早く認めてもらいたい」と、気持ちの落ちつきを失うことがあります。そのような人は、焦りが原因でかえって悪い結果を招き、みんなから認めてもらうどころか、反対に、みんなを失望させることにもなりかねません。

「早く結果をだしたい」「早く認めてもらいたい」という気持ちになるのはわかります。しかし、その気持ちが大きくなりすぎると、焦りやイライラといった感情が生まれて、心が動揺することになるのです。

したがって、そういうときこそ、じっくりと慎重に物事を進めていくことが大切です。

「家を移して、妻を忘れる」ということわざもあります。あわてて引っ越しをした人が、よほどあわてていたのか、妻を前の家に置き忘れてきた、という状況を述べたものです。このことわざにおける「妻」とは「大事なもの」を意味します。

つまり、「あわてると、大事なことをし忘れる。そのために大きな失敗をする」ということです。

やはり、なにごとも気持ちを落ちつけて取り組むことが大切になります。

焦ると、大事なことを忘れてしまう

42 あえて遠回りを楽しむ

がんばっても、なかなか結果がでないことがあります。目的へ向かって一直線に努力したつもりだったのに、知らず知らずに遠回りしていることもあります。

そんなとき、人はつい心が動揺しやすくなります。

しかし、そこで焦ることは禁物です。気持ちが焦ると、かえって大きな失敗を招くことが多いからです。

江戸時代後期の歌人、大隈言道《おおくまことみち》は、

「すべての活動において言えることだが、物事に近道というものはない。それどころか遠回りすることも多い。したがって、遠回りしてこそ目的地にたどりつける、とはじめからひらき直っておくほうがいい（意訳）」

と述べました。当時、言道は歌人としての成功を求めていました。つまりこの言葉は、いい和歌をたくさん詠《よ》んで、世間から認められることについて述べていて、そういう地位を獲得するための生き方に、「近道というものはない」というのです。

また、この言葉にある「遠回りする」とは、言いかえれば、「試行錯誤《しこうさくご》をする」「いろんなやり方を試してみる」という意味だと思います。

試してみたことは、必ずしもうまくいくとはかぎりません。失敗することも、まわりから「くだらない。あんなことをやっても、何の意味もない」と悪く言われることもあるかもしれません。

しかし言道は、それでも動揺することなく、試行錯誤をくりかえしながら、自分にしかできない個性的な方法を学び取っていきました。

「結局は、そうやって自分の願望へと近づいていくしかない」といったことを、言道は主張したのです。

悪口に動じず、試行錯誤をくりかえす

43 やるべきことに集中する

能力のある人、とくに女性が大きなプロジェクトに抜擢《ばってき》されると、まわりからの妬《ねた》みを買い、ときには意地悪なまねをされることもあるようです。

デザイナーの石岡瑛子《いしおかえいこ》さんは、若いころ、その才能が認められて、日米合作のある映画の美術監督に大抜擢されました。

しかし、映画の制作現場は男性社会です。スタッフのなかには、自分よりも経験の浅い若い女性が美術監督に抜擢されたことに、妬みの感情を抱く人も少なくありませんでした。

また、その映画は日米合作だったので、制作現場にはアメリカ人の男性スタッフたちもいたのですが、彼らのなかにも、石岡さんに嫉妬心を燃やす人が多くいたのです。

彼女は、両国の男性スタッフから意地悪をされました。そういう状況で、彼女の心はもちろん動揺しました。つらく悲しい思いをすることもありました。

そんなとき、彼女は、

「ここで仕事をする目的は何か？」

と自分に問いかけたのです。答えは「仕事を成功させること」でした。

次に、「仕事を成功させるためには、どうすればいいのか？」と自分に問いかけました。答えは「今、自分がやらなければならないことに全力をつくすこと。まわりのスタッフの意地悪などを気にする時間などない」ということでした。

そのようにして彼女は「今、自分がやるべきこと」だけに意識と行動を集中させたのです。

また、そのように心がけることで、動揺もおさまったといいます。

集中すると、雑音は気にならなくなる

44

「すばらしい」とほめてくれる人を信じる

イギリスの女性小説家、ジェーン・オースティンは、
「自分自身では『すばらしい成果だ』と思えることであっても、世の中の半分の人は、そのすばらしさを理解できない」
と言いました。

実際、会社などではよくあることだと思います。

自分としては「いい仕事ができた。まわりの人たちも高く評価してくれるだろう」と考えます。たしかに、高く評価してくれる人もいます。

しかし、まったく評価してくれない人もいます。「あんな仕事しかできないのは、まだまだ未熟な証しだ」と言う人、「今の時代の流れにまったくあわない。あれでは時代のニーズをつかめない」とけなす人もいます。

そんなふうに批判されたら、本人としては「どうして私の仕事のすばらしさを理解してくれないのだろう?」と、腹が立ちますし、心も動揺します。気持ちが滅入って、仕事への意欲を失う人もいるかもしれません。

そうならないためには、批判的なことを言う人ばかりに意識を向けないことが大切です。

ジェーン・オースティンの「世の中の半分の人は、そのすばらしさを理解できない」という言葉は、違った角度から見れば「あと半分の人は、すばらしさを理解し、称賛してくれる」とも考えられるのです。

どのような仕事をしても、批判する人は必ずあらわれます。大切なのは、批判する人の言葉に意識を奪われるのではなく、「すばらしい」と評価してくれる人のほうへ意識を向けることなのです。

そうすると自信が生まれ、心が動揺することもありません。

称賛してくれる人もいると気づく

45

自分のやり方で物事を進める

イソップ物語に『ロバを売りに行く親子』という話があります。

ある親子が、ロバを売るために市場に向かいました。

ふたりでロバを引いて歩いていると、通りがかりの人が「せっかくロバを連れているのに、ロバに乗らずに歩くなんて、おろかなことだ」とバカにしました。

そこで父親は、息子をロバに乗せました。すると「親を歩かせ、息子はロバに乗って楽をしている。なんて親不孝な息子だ」と非難する人があらわれました。

そこで今度は父親がロバに乗りました。すると「息子を歩かせるなんて、なんて意地悪な父親だろう」と言う人があらわれました。そこで今度は親子ふたりしてロバに乗りました。すると「あれではロバが重さを感じてしょうがない。かわいそうだ」と言う人がでてきました。

そこで今度は、ふたりでロバをかついで運ぼうと考えました。しかし、親子に持ちあげられたロバが暴れだしました。そこはちょうど橋の上で、暴れたロバは川に落ちて流されてしまいました。そのために親子は、ロバを売ってもうけることができなくなりました。

この話には、ふたつの大切な意味が含まれています。

ひとつは、「どのようなことをやっても、それを批判する人や悪口を言う人があらわれるものだ」ということです。

そしてもうひとつは、「自分を批判する人や悪口を言う人の言葉を、いちいち真に受けていたら、結局は自分が損をすることになる」ということです。

つまり、まわりの人からどんなことを言われても、あまり真剣に受けとめて心を惑わすのではなく、自分のやり方でたんたんと物事を進めていくほうが賢明だ、ということなのです。

批判されても真に受けない

46

できることを人任せにしない

報道写真家として活躍したアメリカ人の女性、マーガレット・バーク・ホワイトは、

「自分の足で立てば、人生が豊かになる」

と述べました。ここで言う「自分の足で立つ」とは、「人任せにしない。自分でやる」という意味です。彼女は実際、仕事を人任せにすることはありませんでした。事件の現場に自分で向かい、自分の足で立ち、写真を撮ったのです。そうすれば「人生が豊かになる」と、彼女は言っています。

このような「人任せにしない。自分でやる」という方法も、「動じない生き方」を考えるうえで参考になります。

人はつい、面倒くさく思うこと、やりたくないこと、苦労が多いことを人任せ

にしがちです。自分はラクをしようと思うからです。しかし、それで心安らかでいられるかといえば、そうではありません。人には「他人のやることに対して欠点を見つけだしては不満をもつ」という心理傾向があるからです。

「人の一寸《いっすん》、我が一尺《いっしゃく》」ということわざがあります。「一寸」は「小さいこと」、「一尺」は「大きなもの」という意味です。つまり、「自分の大きな欠点は見えなくても、他人のやることは小さな欠点でも気にかかる」という意味です。

自分がやりたくないことを人任せにすると、他人の欠点が見えてきて、「どうしてあの人はうまくできないんだ。あんなやり方じゃダメだ」といった不満がふくらむばかりなのです。ですから、自分のできることは、むしろ自分でやってしまうほうが精神的には安心していられます（ただし、どうしても助けが必要なときは、人に依頼したほうがいい場合もあります）。

自分でやれば、他人に不満をもたなくなる

47

セルフトーキングで緊張を和らげる

大活躍したスポーツ選手がインタビューで、「いい緊張感で試合に臨めました」と話すことがあります。ひとくちに「緊張感」といっても、良いものと悪いものがあるのです。

いい緊張感は、その人がもつ能力を引きだすことに役立ちます。ときには、その人の能力以上のものを引きだすこともあります。

しかし一方で、悪い緊張感は、その人の能力を発揮するさまたげになります。やはりスポーツ選手のインタビューで、大事な場面で活躍できず「頭がまっ白になって、自分でも何をしているのかわからなくなった」などと話している人もいます。この話などは、まさに悪い緊張感から心が動揺した証しでしょう。

では、悪い緊張感の原因になるものは何なのでしょうか。

それは「不安」と「怖れ」です。「みじめな結果に終わったらどうしよう」という不安、「ここで活躍できなかったら、自分の選手生命は終わるかもしれない」という怖れです。

この不安と怖れという感情が強まると、精神的な動揺を生みだして、頭がまっ白になったり体がガチガチになったりして、自分の能力を存分に発揮できなくなります。

では、どうすれば、この不安と怖れを和らげることができるのでしょうか。

スポーツ心理学では「セルフトーキング」という手法が用いられます。自分が活躍している場面を想像し、自分自身に「だいじょうぶ」「やれば、できる」などの前向きな言葉を語りかけることによって、気持ちをラクにするのです。

これはビジネスや日常生活で強い緊張感を感じたときに試せる方法でもあります。

いい緊張感で、大事な場面に臨む

48

自分の可能性にかけてみる

強い緊張感から心が動揺し、体がガチガチになると、自分の実力を十分に発揮できなくなります。では、緊張感をまったく感じなければいいのかといえば、そうではありません。

「まったく緊張感がない」とは、言いかえると「やる気がない」という状態です。これでは、いい結果を生みだせるはずがありません。

就職の面接試験、大切な商談などを前にして、まったく緊張感なしに臨む人がいます。こういうタイプの人は、はじめからやる気がない場合が多いのです。

なぜやる気がないのでしょうか。

それは「自己否定」の心理が働いているからです。「私の学歴では、どうせ一流企業に採用されるはずがない」「私は口ベタだから、この商談はまとまらないだろう。ダメに決まっているんだ」といった否定的な思いがあるために、はじめからあきらめているのです。

しかし、せっかく何かにチャレンジするのであれば、可能性にかける気持ちをもつほうが賢明です。「うまくいくかどうかはわからないが、自分にできることは精いっぱいやろう」と、前向きな気持ちをもつことが大事なのです。

そうすると、いい緊張感が生まれます。いい緊張感が、自分がもっている能力を発揮する手助けをしてくれます。うまくいく可能性もふくらむのです。

また、もしうまくいかなかったとしても、「私にやれることはやった」という充実感が残ります。それが次への意欲につながります。

最初から「どうせダメ。どうせムリ」という否定的な気持ちでいたら、可能性はゼロになります。少しでも前向きな気持ちで可能性にかけることが大事です。

「どうせダメ、ムリ」と考えない

49

無理に不安を消そうと思わない

心理学に「予期不安」という言葉があります。「将来のことをあれこれ心配して不安になり、精神的に動揺すること」を意味します。

「仕事で失敗したらどうしよう。リストラされることになるかもしれない」

「この先、病気になることもあるかもしれない。もし重い病気になったら、家族は自分の面倒を見てくれるだろうか。心配だ」

「上司に嫌われたら、私は職場での居場所がなくなってしまう。そうなったらどうすればいいのか」

このように、自分の将来に悪い予感を働かせて、不安から、心の落ちつきを失っていくのです。

「予期不安」という心理に取りつかれた人は、往々にして、そのような不安を消し去ることに一生懸命になります。

しかし、それは、かえって逆効果になりやすいのです。不安を消し去ろうと思えば思うほど、強い不安感にとらわれて、かえって動揺が激しくなっていきます。

こういうケースで大切なのは、「消し去る」のではなく、「具体的な対処法を考える」ことです。

このとき、「仕事に失敗しないためには、どうすればいいか」と「もし万が一、失敗したら、どうすればいいか」という対処法を考えます。

「そうならないために、どうすればいいか」と「そうなったら、どうすればいいか」というふたつの視点から、具体的な対処策を練ることが大事なのです。

具体的な対処策が見つかれば、気持ちの落ちつきを取り戻せます。

具体的な対処策を見つけて、落ちつきを取り戻す

50 将来のことは心配しない

仏教に、次のような昔話があります。

ある僧侶は、会う人すべてに「出家して、仏道に入りなさい」と勧めていました。

ある日、ひとりの男がその僧侶に尋ねました。

「あなた様は、この世のすべての人を出家させるおつもりですか？　もしも、あなた様の勧めにしたがって、この世の人がすべて出家したら、食べ物をつくるお百姓さんがいなくなります。生活品を売る商人も、世の中をおさめる政治家もいなくなります。そうなったら、世の中が成り立たなくなってしまうではありませんか」と質問したのです。

すると、僧侶は「そうなったら、そのときに考えればいい」と答えました。

この話は、「不確かなことで心を動揺させてもしょうがない」ということを示しています。

人はよく、未来のことを「こうなったら、たいへんだ」と考えて、心配したり不安に思ったりします。しかし、「〜なったら」とは、仮定の話にすぎません。現実に起こっている問題ではないのです。そのような不確かな問題で頭を悩ませていると、心が動揺するだけです。

ですから、この昔話の僧侶は「そのときに考えればいいことだ」と答えて、「そうなるまでは、自分の務めをたんたんと進めていけばいい」と考えたのです。僧侶にとっての「自分の務め」とは、「会う人に出家を勧める」ことです。

この昔話のように、将来のことをあれこれ心配するよりも、自分がやるべきことをたんたんと進めることが、安心して生きていくコツといえるのです。

「そうなったら、そのときに考える」という生き方がある

51

大切にはしても、執着はしない

古代中国の思想家である孔子に、「厩火事《うまや》」というエピソードがあります。

「厩」とは、馬を飼育するための小屋のことです。

孔子には、とても大切にしていた馬が1頭いました。その馬のために特別な馬小屋をつくり、弟子のひとりを世話係に任命していました。

しかしある日、その馬小屋が火事になって、孔子が大切にしていた馬が焼け死んでしまいました。

知らせを受けた孔子がかけつけてきました。馬の世話係だった弟子は、孔子から「おまえがいながら、どうしてこういうことになった」と、厳しく叱られるだろうと思い、内心ビクビクしていました。

しかし、孔子は怒っていません。大切な馬を失って動揺した様子もまったく見せず、穏やかな声で「火事があったそうだが、おまえにケガはなかったか」と、弟子を気づかう言葉をかけたのです。

自分にとって大切なものを失うような経験をすると、人は動揺します。また、「おまえのせいで、こうなった」と、誰かに怒りをぶつけることもあるでしょう。

しかし孔子は、そうしませんでした。馬を大切にしてはいましたが、執着はしていなかったからです。「大切にする」ことと「執着する」ことは、違うのです。

もしその馬に執着していたら、孔子は激しく動揺し、弟子を叱りつけていたでしょう。しかし孔子には執着心がなかったので、そのようなまねはしませんでした。

執着しないことは、「動じない生き方」を考えるうえで大切なことです。

執着しなければ心穏やかでいられる

52

ライバル同士で助けあう

現代は競争社会です。学校や研究機関、また企業などでも、シビアな競争がくり広げられています。このような環境で働いていると、人はどうしても、ライバルのことが気にかかるようになります。「あの人は今、取引先とどんな話をしているのだろう？　うまくいっているのだろうか？　今月、あの人はどのくらいの実績をだすだろうか？」といった具合です。

この程度なら、まだいいです。注意が必要なのは、ライバルを気にする意識が強くなりすぎることです。そうなると「あの人は、私の足を引っ張ろうとしているのではないか？　陰で私の悪口を言いふらして、私の評判を落とそうとしているのではないか？」という妄想にかられ、動揺がおさまらなくなる場合もあります。そうなると、仕事に集中できなくなってしまいます。

そうならないためには「ライバルは競争相手であると同時に、じつは、お互いに助けあう仲間だ」という意識をもっておくことが大切です。

もともとライバルという言葉の語源は、ラテン語の「リバーリス」にあり、「同じ川の水を共同で使う仲間」という意味です。昔はひとつの川の水を、いくつかの農家で分けて使っていました。また一般民家でも、ひとつの川の水を生活用水として分けあっていました。川の水をひとり占めしようと隣近所の人と争っていたら、結局は仲間割れが生じて、みんなが苦しい思いをすることになります。そこで「仲間として、みんなで助けあっていこう」という意味で「リバーリス」という言葉が生まれ、それが「ライバル」という言葉に発展していったのです。

つまり「ライバル」には、「仲間同士で助けあう」という意味もあるのです。「助けあう」という気持ちを忘れないことで、ライバル意識が過剰にならずにすみます。

「ライバル」には「助けあう仲間」という意味がある

6章

賢く、かつ素直に生きていく

53 うまくいかなくても気にしない

禅の言葉に、「八風《はっぷう》吹けども動ぜず」というものがあります。

「八風」とは、「人の心を惑わしたり動揺させたりする、8つの要因」のことで、「利《り》・衰《すい》・毀《き》・誉《よ》・称《しょう》・譏《き》・苦《く》・楽《らく》」という文字で表現されます。それぞれ意訳すると、次のようになります。

- 「利」……すべてが自分の思いどおりになること。
- 「衰」……物事が思いどおりにならないこと。
- 「毀」……陰で、自分の悪口を言われること。
- 「誉」……自分がいないところで、自分がほめられること。
- 「称」……面と向かって、お世辞を言われること。

●「譏」……面と向かって、悪口を言われること。
●「苦」……苦しい経験をすること。
●「楽」……快楽にふけること。

ふたつめの「衰」、すなわち物事がうまくいかないことがあると、その人の心には欲求不満がたまります。落ちこんだり、怒りにかられて間違った判断をしたりします。その結果、自分自身をいっそう苦しい状況に追いこむのです。

一方で、ひとつめの「利」、すなわち自分の思いどおりになることも、その人の心を惑わす原因になるというのが、禅ならではの考え方です。思いどおりになると、おごり高ぶった気持ちになります。無理をして失敗し、威張り散らして反感を買います。それが動揺を生みだすというのです。うまくいかないときは気にしない、思いどおりになったら謙虚でいる、ということが大切なのです。

思いどおりになったときも気をつける

54

衰え、老いを受け入れる

前述したように、「八風《はっぷう》吹けども動ぜず」の「八風」には、「人の心を惑わしたり動揺させたりする、８つの要因」という意味があります。

ここでは、八風のふたつめの「衰《すい》」にふれます。

「衰」とは、「物事が思いどおりにならないこと」ですが、さらに詳しく説明すると、「衰《おとろ》える」という意味があります。「衰弱する」の「衰」です。

また、この「衰」は、もともと「死者に着せる着物」をあらわす言葉だったという説があります。つまり「衰」には、「死に向かって衰えていくこと」という意味があるのです。

人は、年を重ねるにしたがって、いろんな意味で「衰え」を感じるようになります。体力が落ちて、若いころのようにがむしゃらに働けなくなります。記憶力も落ちて、もの忘れが激しくなります。思考力が固くなって、若いころのように柔軟な発想ができなくなります。成人病となり、薬を手放せなくなる人もいます。

そのような「死に向かっていく衰え」に直面したとき、人は少なからず戸惑いを感じます。つまり、心が動揺するのです。

その動揺の裏にあるのは、「衰えたくない。老いたくない」という欲求です。

しかし、衰えること、老いることは、人の運命です。いくら「衰えたくない」と願っても、人は衰えていきます。

そうであれば、衰えや老いを受け入れて、今の年齢で楽しく充実した人生を生きていくことを考えるほうが、賢明です。

体力が落ちても、もの忘れをするようになっても、人生を楽しく生きる方法はたくさんあります。それを前向きに見つけだしていくことが、動揺することなく心安らかに老いを迎えるコツになります。

前向きに人生を楽しむ

55 ほめ言葉も悪口も気にしない

禅語の「八風《はっぷう》」のうち「毀《き》」「誉《よ》」「称《しょう》」「譏《き》」という4つの言葉は、「毀誉褒《きよほう》貶《へん》」という四字熟語として、現在でも一般的に使われています。

「称」は「褒《ほう》」という文字に、「譏」は「貶《へん》」という文字になっていますが、意味は変わりません。

つまり「毀誉褒貶」とは「陰で悪口を言われたり、ほめられたり、面と向かってお世辞を言われたり、悪口を言われたりすること」という意味です。

「毀誉褒貶は、世の習い」という言い方もあります。同じことをしても、人によって悪口を言われることもあれば、ほめられることもあります。自分がした行動に対して、「あの人は、いつもバカなまねばかりしている」と批判する人もいれば、「すごいことをしましたね。あなたは立派です」とほめる人もいます。

悪口を言われてカンカンになって怒っていると、別のところで自分をほめる人があらわれます。ほめられれば気分はいいのですが、そこで有頂天《うちょうてん》になると、すぐまたどこかで自分の悪口を言いだす人があらわれます。だから、また怒らなければならなくなります。

それが「世の習い」である、つまり「世の中とは、そういうものだ」と言っているのです。ですから、ほめられたり、悪口を言われたりすることにいちいち心を惑わされていたら、落ちついて生きていけなくなります。

したがって、良く言われようが悪く言われようが、そんなことは気にしないで、自分の生き方をしっかり見つめて、たんたんと生きていくほうが賢明です。

これも「動じない練習」になります。

たんたんと生きる

56 自分の信じる道を行く

「毀誉褒貶《きよほうへん》」という言葉について、おもしろい話があります。

幕末に活躍した徳川幕府の家臣、勝海舟《かつかいしゅう》の話です。

西から西郷隆盛がひきいる討幕軍が、江戸に攻めのぼってきました。当初、西郷隆盛は江戸城を武力で攻撃し、江戸の町を火の海にする覚悟でした。しかし、そうなると多くの町人や商人たちが巻き添えになって死ぬことになります。

そういう事態を避けるために、勝海舟が、幕府側の代表として西郷隆盛と話しあうことになりました。この話しあいによって、江戸城は無血開城《むけつかいじょう》されることになったのです。

この対応をめぐって、「江戸を戦火から救った。勝海舟は、たいした人物だ」とほめる人がいました。しかし一方で、「侍のくせに戦わずして降参するなんて卑怯者《ひきょうもの》だ」と悪口を言う人もたくさんいたのです。

また、「西郷隆盛にだまされて、まんまと江戸城を敵に乗っ取られてしまった。勝海舟は大バカ者だ」と悪口を言う人もいました。そのようにさまざまなことを言う世間の人たちに対して、勝海舟が語った言葉が、

「毀誉褒貶は他人の主張であって、私には関わりがない（意訳）」

というものでした。つまり、「私は私の信じる行動をとっただけだ。世間の評判など気にしない」ということです。

今の世の中でも、自分がとった行動をほめてくれる人もいれば、悪く言う人もいます。それが世間というものなのです。ですから、世間の人が言うことなどあまり気にせずに、自分のやるべきことをしっかりやっていくことが、「動じない心」をつくるコツです。

世間の評判など気にしない

57 現状がずっとつづくことはない、と知る

「苦」と「楽」という言葉は、「八風《はっぷう》」という禅語のうちのふたつです。

人は、ある思いにとらわれると「それがずっとつづく」と考える、心理的な傾向があります。苦しい思いにとらわれると、「私は今後もずっと苦しい思いをしていかなければならない。私の人生には楽しいことなど訪れない」という気がしてくるのです。そのため、悲観的になり、人生に絶望することにもなります。

一方、楽しいことがあったときもやはり「これからも、ずっと楽しいことばかりあるに違いない。私の人生に苦しみなんてないんだ」と考えがちです。そのために心がうわつき、とんでもない失敗をして痛い経験をすることがあります。

さらに、楽から苦への落差が大きい分だけ、精神的にも激しく動揺することになります。このように、楽しいこともまた動揺を生みだす原因になるというのが、

禅や仏教の独特の考え方です。

「浮世《うきよ》の苦楽《くらく》は壁一重《かべひとえ》」ということわざがあります。「壁一重」とは「となりあっている」という意味ですが、ここでは「相互に起こる」と理解しておけばいいでしょう。

つまり「苦しいことがあれば、次には楽しいこともある。楽しいことがあれば、次には苦しいことが起こる。そのように、苦しいこと、楽しいことが、相互に起こるのが人生だ」という意味になります。

ですから、苦しいときには「もう少し我慢すれば、楽しいことがある」と希望をもち、楽しいときには「浮かれた気持ちでいると、シッペ返しを食らって苦しいことになる」と気を引き締めておくことです。「動じない生き方」を考えるうえで参考になることわざだと思います。

ときには希望をもち、ときには気を引き締める

58 新しい環境では、賢く素直にふるまう

新しい環境に入っていくときは、誰もが希望とともに、ある種の不安な気持ちを抱くものです。

たとえば、学生が就職するときや、転職で会社を移るとき、また結婚をきっかけに新しい生活をはじめる場合などです。そのようなとき、多くの人は「新しい環境で幸せを築いていこう」という期待とともに、「自分という人間を受け入れてもらえるだろうか。意地悪をされることなどはないだろうか」といった不安を感じるでしょう。その不安から、心が動揺し、前向きな気持ちで新しい環境に入っていけなくなることもあります。

ここで、イエス・キリストのエピソードを紹介します。あるとき、イエスは弟子たちに、未知の土地へ布教の旅にでるように命じました。しかし当時、各地に

はイエスの教えをこころよく思っていない人たちもいました。そのような人たちのなかへ入って布教活動をおこなうことで、迫害を受ける危険もありました。ですから、イエスの命令を受けた弟子たちは激しく動揺したのです。

そんな弟子たちの心を落ちつかせるために、イエスは、「ヘビのように賢く、ハトのように素直にふるまいなさい」と言いました。「賢くふるまう」とは、言いかえれば「人間関係でトラブルとなるようなことをしない」という意味です。相手から非難されることやバカにされることがあっても、そこで感情的にならず理性的に対処する、ということです。

また「素直にふるまう」とは、「相手の言うことや考え方が間違っていると思っても、相手の話に素直に耳を傾ける」ということです。このふたつを心がければ、迫害を受けることはない、とイエスが説いたのです。これは新しい環境に入っていくとき、気持ちを落ちつけるために参考にできる話だと思います。

「ヘビのように賢く、ハトのように素直に」

59

うまくいかないときに人を責めない

何か思わしくない、悪い状況になると、身近にいる他人を責めはじめる人がいます。

「あなたの判断が間違っていたから、こういうことになった」「こんな状況になったのは、あなたが悪いんだ」といった具合です。

このように、うまくいかないときに他人のせいにすることを、心理学では「他《た》罰《ばっ》反応」といいます。

このようなタイプの人は、他人を責めることで自分の心にあるイライラや欲求不満といった感情をしずめたいと思っているのです。「あなたのせいだ」と、他人に怒りの感情を向けることで、自分の気持ちを晴らしたいのでしょう。

しかし、これはかえって逆効果になります。

怒ることで、怒りの感情はしずまりません。逆に、いっそう相手のことが腹立たしく思えてきてしまうのです。

相手から「私のせいにするな。あなただって悪いんじゃないか」と言い返されるようなことになれば、それをきっかけに再び怒りの感情に火がつくことになります。

アラブの格言に、「賢い人は、いつも穏やかだ」というものがあります。賢い人は、うまくいかない事態になっても、イライラなどしません。他人に対しても、感情を荒立てたりはしません。自分自身を責めるなどという無意味なこともしません。心を動揺させることなく、穏やかな心で「悪い状況から抜けだすにはどうすればいいか」と考えるのです。

そのような冷静な対処ができるから「賢い人」であり、また、穏やかに賢く考えるからこそ、いい対処法が見つかるとも言えます。

おろかな人は感情的になり、賢い人は穏やかでいられる

60

ガンコな人ほど動揺しやすい、と知る

心が動揺しやすいタイプの人に、「ガンコな人」がいます。

物事がうまくいかない状況でも、「私は、今のやり方を絶対に変えない」と、あくまでもガンコに言い張ります。

そのようなガンコな人というのは、一見、それだけ信念が強い人のようにも思えます。どんなことがあっても動じない人のように見えます。

しかし、ガンコすぎる人は、実際には違うことが多いようです。内心では、「困った状況になった。どうしよう」と、あわてふためいているのです。

心理学では、ガンコすぎる人というのは、本当は不安や心配で心が動揺しているのですが、そんな自分を他人に見られて「情けない人だ」と思われたくないためにガンコを装っている場合が多い、と考えられています。

しかし、そのような行きすぎたガンコさは、かえって逆効果になります。うまくいかない状況で「私はこのやり方を変えない」と言い張っていたら、ますます状況は悪化します。そうなれば、動揺もいっそう大きくなるばかりなのです。

ですから、むしろガンコさを捨てて、柔軟なやり方に変えていくほうがいいのです。

また、「情けない人だ」と思われたくないなどという見栄を捨てて、知人に「どうすればいいと思いますか？　何か良い方法はありませんか？」とアドバイスを求めるほうが賢明です。

場合によっては、誰かに助けを求めてもいいのです。状況が改善して初めて、安心感が得られますし、動揺がしずまります。「情けない人だと思われないためにどうするか」ではなく、「どうすれば事態が改善するか」と考えることが重要です。

柔軟な発想をすることで、安心感が得られる

61

思いを素直に発言する

自分ひとりだけが、みんなと違った意見を言うことに、強いプレッシャーを感じるタイプの人がいます。

たとえば、会議の席で多くの人が賛成した意見に対して、自分だけは「それは非常に危険な考えだ。もしかしたら失敗するかもしれない」という問題意識をもっていたとします。

しかし、それを発言する勇気がなかなかでないのも事実です。「発言したほうがいいのか。それとも黙って、みんなの意見にしたがっておくほうがいいのか」と、心が動揺します。

おそらく、こういうケースで心が動揺するという人は、自分だけ違ったことを言って孤立することへの怖れがあるのでしょう。多数派に対して、自分ひとりだけで異議を申し立てることによって、組織内で孤立し、苦しい立場に立たされることになるかもしれない、と考えたりします。みんなから仲間はずれにされる恐怖心も働きます。

しかし、それは「考えすぎ」だと思います。自分ひとりだけ違った意見を言ったとしても、筋が通っていれば、それで窮地に追いやられたり仲間はずれにされたりすることはありません。

ですから、意見があれば、率直に発言するほうが賢明です。

大切なことは、ふだんから「自分が思ったことを素直に言う練習」をしておくことです。そして、自分の思いを素直に発言したとしても、有意義でまともな意見ならば、みんなが反感をもつわけではない、と理解しておくことが肝心です。

そうすれば、会議のような席であっても、それほど動揺することなく、自分の意見を言えるようになります。

みんなと違う意見を言ってもいい

62

肩書や地位を意識しすぎない

ある女性は、「自分よりも立場が下の相手とは、あまりストレスを感じることなくつきあえる」といいます。しかし、「社長」や「大学教授」「弁護士」「医師」といった肩書をもつ人、また、世間的に有名な人、直属の上司などの前にでると、心が動揺して言いたいことを言えなくなるといいます。

このようなタイプの人を、心理学で「権威主義的パーソナリティ」といいます。「権威ある人」に対して、精神的に弱いのです。地位や肩書をもつ人の前にでると、おじけづいてオドオドします。

誰でも多少はある心理傾向ですが、それが強くなりすぎると、コミュニケーションに支障をきたしかねません。

また、「偉い人の前でオドオドする自分」に対して情けない気持ちになり、自分がイヤになってくる場合もあります。

ある人が、次のような話をしていました。

「偉い人の前で緊張しそうになったら、相手の鼻を見ます。そして、私にも鼻があるし、この人にも鼻がある。立場の違いはあるけれど同じ人間なんだ、と考えます。すると、気持ちがラクになります」

つまり、「同じ人間なんだ」という気づきが大事だというのです。

権威ある人にオドオドする人は、相手を、自分と同じ人間とは考えず、「自分よりも偉い肩書や地位をもった人」という視点でしか見ていません。ですから、よけいな緊張感を感じてしまうのです。

相手の肩書や地位ばかりを意識するのではなく、「人間」として相手を見るようにすれば、気持ちが落ちつきます。

「同じ人間なんだ」と思えば緊張しない

63

謝罪と感謝を忘れない

トラブルメーカーとよばれるタイプの人がいます。原因はさまざまだと思いますが、とにかく、しょっちゅう、まわりの人たちとトラブルを起こしている人です。もちろん、まわりの人たちは迷惑に思います。「あの人がいるおかげで、私たちは平穏に暮らしていけない」という思いにさせられます。

ただし、心穏やかでいられないのは、まわりの人たちばかりではありません。トラブルメーカーとよばれる本人も、穏やかな心ではいられません。「あの人のことが許せない」「頭にくる人ばかりだ」といった怒りや憎しみといった感情で、心がいつもかき乱されるからです。

ですから、トラブルメーカーとよばれるような生き方をすることは、まわりの人のみならず、その本人にとっても不幸なことなのです。

禅の言葉に、「無事《ぶじ》、これ貴人《きにん》」という言葉があります。「貴人」とは「立派な人」という意味であり、「無事、これ貴人」とは「なにごともなく生きることが、立派な人の賢い生き方だ」という意味になります。

「なにごともなく生きる」とは具体的にどういうことかは、さまざまな解釈の仕方がありますが、ひとつは「身近な人とトラブルを起こさない」ということだと思います。つまり「無事、これ貴人」とは「身近な人となにごともなく円満につきあっていくことが、もっとも賢い生き方だ。それが心穏やかに生きていく基本になる」ということです。

そのために大切なことは、ふたつあると思います。「対人関係でトラブルが起きたら、自分のほうから先に謝る」ということと「人に感謝しながら生きる」ということです。この謝罪と感謝の気持ちを忘れないでいるかぎり、まわりの人とトラブルを起こすことはありません。

円満なつきあいは心を安らげる

7章

希望をもって未来へふみだす

64 自分らしい生き方とは何か

「自分らしく生きたい」という人がいます。

しかし、「自分らしい生き方といわれても、どういうことかわからない」という人も大勢います。たしかに「自分らしい生き方とは？」と問われても、すぐに答えを見つけだすのは、意外と難しいことなのかもしれません。

ここでは、そういう人のために「明珠《みょうじゅ》、掌《たなごころ》にあり」という禅の言葉を紹介します。「明珠」とは「宝物」、「掌」とは「手のひら」という意味です。つまり、「大切な宝物は、自分の手のひらにあるのに、それに気づかないでいる人が多い」と述べているのです。

なぜ、手のひらにある宝物の存在に気づかないのでしょうか。

それは他人がもっている宝物ばかりに気をとられ、うらやましく思っているからです。そのため、じつは自分の手のひらに宝物があると気づけないのです。

この禅語にある「大切な宝物」は「自分らしい生き方」という意味に置き換えることもできます。つまり、他人の人生をうらやんでいるから、身近にあるはずの「自分らしい生き方」が見つからないのです。

じつは、自分が毎日やっていることが「自分らしい生き方」であることも多いのです。

「家族のために一生懸命になってつくしている」という人は、それが自分らしい生き方であるのかもしれません。「熱中できる趣味をもち、その趣味を毎日楽しんでいる」という人は、それが自分らしい生き方であるかもしれないのです。

多くの人は、すでに、日々の生活のなかで自分らしい生き方を実践しているのです。とかく他人をうらやましく思い、そのために心が動揺している人は、それに気づいていないだけなのです。

多くの人はすでに、自分らしく生きている

65 「では、どうすればいいか」を考える

物事がうまくいかないとき、「私が悪いから、こんなことになった。すべて自分の至らなさが原因だ」と、自分を責めてしまう人がいます。

この傾向を、心理学では「内罰反応《ないばつ》」とよびます。このタイプの人は、みずから進んで動揺をつくりだすようなところがあります。

しかし、自分を責めても気持ちがしずまることはありません。自分自身へのいらだち、怒り、情けなさ、嫌悪感といった感情がどんどん大きくなって、自分を苦しめるだけなのです。

ドイツの地にユダヤ人の子供として生まれ、のちに『相対性理論』でノーベル物理学賞を受賞したアルバート・アインシュタインは、

「どうして自分を責めるのか？　必要なときには、他人がちゃんと叱ってくれる

んだから、それでいいではないか」

と言いました。アインシュタインは「自分を責めても、何の意味もない。むしろ、精神的に悪い影響を与えるだけだ」と述べているのです。

大切なのは「私は悪い」という考え方をしない、ということです。自分は悪いと考えるのではなく「では、どうすれば、このうまくいかない状況から抜けだすことができるのか？　何を改善すればいいのか？」ということを冷静に、理性的に考えることです。

何かいい改善策が見つかれば、希望が生まれます。前向きな気持ちになり、「がんばろう」という意欲もわいてきます。

自分で自分を責めるだけでは、そのような希望も、前向きな気持ちも、意欲も何も生まれてきません。動揺する感情をしずめるのは、理性的な思考なのです。

自分を責めても、何の意味もない

66 今日の失敗より、明日の成功を考える

つらい経験をすると、誰もが不安な気持ちになります。

自分自身について絶望的な気持ちになり、心が大きく動揺します。

そのようなとき、大切なのは、希望を捨てないことです。

「きっと夢を実現できる。私は幸せになれる」という希望があるかぎり、心が動揺することがあっても平常心を取り戻し、また元気をだしてがんばっていけます。

社会福祉活動家として活躍したヘレン・ケラーは、

「元気をだして生きていくために大切なことは、今日の失敗ではなく、明日訪れるかもしれない成功について考えることだ（意訳）」

と述べました。ヘレン・ケラーは、幼いころに病気になって高熱をだし、そのために目が見えなくなりました。また、耳も聞こえなくなり、一時は話すことも

できなくなりました。その後、治療と本人の努力の結果、話せるようになりましたが、目と耳は結局、不自由なままでした。

そのためにヘレン・ケラーは、つらい思いをすることや、心が動揺するような経験をすることも多かったと思います。しかし、自分自身が障害をもっていたにもかかわらず、ほかに障害をもつ人や、恵まれない人たちのために福祉活動をつづけました。

障害をもったヘレン・ケラーの心を支えたのが、「明日は良いことが訪れるかもしれない」という希望だったのです。

彼女は落ちこんだときや動揺したとき、「明日の希望」を心に描いて気持ちを落ちつかせ、元気を取り戻していました。

希望には、心の動揺をしずめる作用と、心を元気にする効果があります。

希望をもちつづけるかぎり、つらい経験を乗り越えていけるのです。

希望をもち、つらい経験を乗り越えていく

67

あと、もう少し我慢してみる

アメリカの女性歌手、ドリー・パートンは、
「虹《にじ》を見たければ、雨を我慢しないといけない」
と言いました。「虹」は、雨あがりによく見られる現象で、7色の光が大きなアーチ状の橋となって空にかかります。

このパートンの言葉は、「虹」「雨」という言葉をとおして人の生き方について語ったものです。

「雨」は「人生の苦難」、つまり、つらいことや苦しいこと、悲しいことを指します。

しかし、つらい経験をしばらく我慢していれば、やがて雨はあがります。そして、空には虹がかかります。パートンの言葉でいう「虹」とは、「希望」のこと。

つまり、次のような意味になります。

「生きていくことがつらく思えてくるときもある。しかし、そこで悲観的になってはいけない。あともう少し時間が経てば、つらい時期は終わる。そのとき、美しい希望が心の空にかかるだろう。そうなれば、その希望に向かって、明るく、前向きに生きていけるようになる」


つらく苦しい状況にあると、人はつい「もうダメだ」と考えがちです。「この先も、いいことはないだろう」という思いにかられてしまうでしょう。

しかし、そんなことはないのです。

悲観的な気持ちになることなく、もう少しだけがんばって今の状況を我慢していれば、必ず状況が変わり、明るい希望が見えてきます。

それを信じて生きていくことが大切です。

雨があがれば、必ず「虹」という希望が見える

68 未来のことを具体的に考える

失敗や挫折を経験すると、人はその原因を探しはじめます。

「間違った判断をしてしまったから、こんな失敗をすることになった」

「あのとき、もっとがんばっていれば、こんな挫折をしないですんだ」

このように過去の行動を反省することは、人の生き方として大切なことです。

ただし、ちょっと危険な面もあります。過去の間違いや努力不足ばかりにとらわれていると、後悔の感情がどんどん大きくなって、過去を反省し将来へ向かって力強く生きていこうという意欲が弱まってしまうのです。

ですから、過去を反省するにしても、どこかでふんぎりをつけることが大切です。自分なりに「ここまで反省したら、もう過ぎ去ってしまったことは考えない。これからは将来を見据えて生きていく」という基準をつくっておく必要があるのです。

精神科医で心理学者のアルフレッド・アドラーは、彼が創設したアドラー心理学のなかで「いつまでも過去のことを問題にしない。これからどうするかということを考えることが重要だ」という考え方を示しています。

やはりアドラーは「過去のことばかり考えていると、後悔という感情にとらわれて、前向きに生きていく意欲を失うことになる」と述べているのです。実際にアドラーは、精神科医として診療をする際には、患者から話しだす場合をのぞいて、自分から患者に対して過去のことを聞きだすことはしなかったといいます。

大切なことは、失敗や挫折を乗り越えて、これからどうやって幸せをつかんでいくかであり、そのために何をしなければならないかを具体的に考えることです。言いかえれば「未来思考をする」ということです。それは、過去を反省するよりも、もっと重要な課題なのです。

過去を反省するより、これからどうするか

69

心配のタネはあえて見ない

心配のタネを数えはじめたらキリがありません。

たとえば、交際相手からプロポーズされたとします。「彼と結婚して、私は幸せになれるだろうか。結婚後、浮気されたらどうしよう。相手の仕事がうまくいかなくなって、経済的に困ることになったらどうしよう」といった具合に、どんどん心配ごとが増えて心が動揺してくると、いつまでも結婚にふみきる勇気ができません。

何かを決断し、そして行動しようというときには、「たとえ将来の心配ごとがあっても、それについてはあまり深く考えない」ということもひとつの方法になります。

次のような昔話があります。古代ギリシャの北部を支配していた王様がいました。あるとき、ある部族が1頭の馬を貢物(みつぎもの)として王様に献上(けんじょう)しました。しかしその馬は、体格はとても立派なのですが、すごく暴れるので、誰も乗りこなすことができませんでした。

王様は、馬の様子をじっくりと観察しました。そして、その馬が、地面に映る自分の影におびえて暴れていることを突き止めました。暴れると影はいっそう激しく揺れ動きます。その結果、馬はますますおびえ、さらに暴れたのです。

王様は、前は見えるが地面の影は見えないような目隠しを、馬の目に当てました。すると馬は暴れなくなりました。

この話は、「自分の心に恐怖心をもたらすもの、あるいは心を動揺させるものを、あえて『見ない』ように心がけることで、平常心を取り戻せる」ということを示しています。過度な心配や怖れをやめ、まっすぐ前だけを見つめて生きていこうと決心することで、将来にふみだしていく勇気が生まれます。

考えれば考えるほど、心配ごとは増えていく

70

失敗を生かす

「下種《げす》の知恵はあとから」ということわざがあります。

「下種」とは「おろかな人」という意味で、「下種の知恵はあとから」は「おろかな人は、過去の失敗について『ああすれば良かった。こうするほうが得策だった』と知恵を働かせてばかりいる」という意味です。

言いかえると「過去の失敗について考えても、まったく意味がない」ということです。知恵を働かすのであれば、「今後どうすればうまくいくか」と、未来について考えるほうが賢明です。

賢い人の意識は、未来に向けられています。たとえ失敗することがあっても、「この失敗を、未来をより良いものにするためにどう生かすか」と考えるのです。

言いかえれば「過去の失敗を反省はするが、後悔はしない」ということです。

後悔とは、「ああすれば良かった」と過去にばかり意識を向かせること、過去にばかり意識を奪われていつまでもクヨクヨと思い悩むことです。

一方、反省とは、失敗から「将来的な成功のヒント」を探しだして、それを次のチャンスに生かすことを考えることです。将来へ向かって知恵を使う、ということです。

やってしまった失敗を、あとになってから「もっとうまいやり方があった。こうしていれば成功したのに」と、いつまでも思い悩む人がいます。しかし、一度してしまった失敗は取り返しがつきません。ですから、いつまでも思い悩むのではなく、うまく気持ちを整理して前へ進んでいくしかないのです。

賢い人は、そのような前向きな気持ちを忘れることがありません。

このことわざも「動じない生き方」を考えるうえで参考になると思います。

過去ではなく、未来へ知恵を働かせる

71 動揺しているとき、重要な判断を下さない

動揺していると、人は冷静な判断ができません。そのために大きな判断ミスをして、事態をますます悪化させてしまうことになりがちです。

したがって、的確な判断をするには、動揺がおさまってからのほうがいいのです。動揺がおさまってからのほうが、正しい判断ができます。

少なくとも、動揺しているときは、あわてて何か重大なことを判断することは避けたほうがいいと思います。

次のような昔話があります。

ある女王が支配している国に、隣の国が戦争を仕掛けてきました。武力を使って攻めてきたのです。

女王は動揺し、あわてふためきました。頭が混乱して、どうすればいいかわか

らなくなり、女王は何の判断もできないまま、ただ時間だけが過ぎ去っていきました。

さて、その結果、どうなったでしょうか。

女王が何の判断も示さないうちに、隣の国は軍隊を引きあげて戦争は終わったのです。人は「問題を解決するには、何か具体的な方策を取ることを判断しなければならない」と考えています。

常識的には、そのとおりだと思います。しかし、大きく動揺しているときに判断すると、間違う場合も多いのです。現実には、何の判断を示さなくても、時間が経つうちに問題が自然と解決することもあるのです。

このエピソードは、「動揺しているときは、あえて重要な判断を下さなくてもいい」ということを示しています。

時間が自然に解決することもある

72 いつでも明るい希望をもつ

次のような話があります。

ある町に、2軒のレストランがありました。両方のレストランは、ともに開業したばかりで、客の入りはあまりよくありませんでした。

ひとつの店は、やってくるお客さんに「どうしてお客さんが入らないんだろう。このままではお店がつぶれてしまう。やる気がでない」と、ぼやいてばかりいました。その結果、店はその後、閉店してしまいました。

一方、もうひとつの店は、お客さんの前でぼやいたりはしませんでした。自分の店へきてくれた人は、かけがえのない大切なお客さんとして、明るく元気にもてなしました。店はやがてお客さんが増え、今では繁盛《はんじょう》しています。

これは、レストランのみならず、どのような商売をしている人にも参考になる話だと思います。客の入りが悪ければ、「やっていけるのだろうか」と将来のことを心配して当然です。不安になって動揺することもあるでしょう。

しかし、そんな心の内を、外にだしてはいけないのです。お客さんは、店主の「ぼやき」を聞きにくるわけではありません。店主の不機嫌な顔を見にくるのではないのです。お客さんは、良い気持ちになりたいから、店へやってくるのです。

ですから、明るく元気にもてなしてあげるのが正解です。

「そんなことはわかっている」と言う人もいるかもしれません。しかし、頭でわかっていても、心のなかに不機嫌な気持ちがあると、どうしてもお客さんの前であらわれやすいのです。そして、ついつい口からぼやきがでてしまいます。

ですから、「今はお客さんが少なくても、大切にしていれば、良い評判が広まってお客さんが増えていくはずだ」と、いつでも明るい希望をもつことが大切です。

人前でぼやかない

73 善良な人が得る幸福感を知る

インドにおもしろい昔話があります。

ある金持ちは、99頭の牛をもっていました。毎日のように「牛があと1頭いれば、100頭になるのに」と、悔しい思いをしながら暮らしていました。

ある日、その金持ちは、知りあいの貧乏人が牛を1頭もっていることを思いだしました。そこで、貧乏人のところに行って「私はひどく貧乏していて、1頭の牛ももっていない」とウソをつき、「こんな私を哀れに思って、牛をもらえないか」と頼みこみました。

そのウソの話を真に受けた貧乏人は、かわいそうに思って、こころよく1頭の牛をゆずってあげました。金持ちがもつ牛は、とうとう100頭になりました。

しかし、金持ちは満足感を得ることができませんでした。今度は200頭の牛が欲しくなって、心が乱れてきたのです。

２００頭の牛を得ると、今度は３００頭の牛を欲しくなって、気持ちが落ちつかなくなりました。そんな調子で、金持ちはいつまで経っても満足感を得ることができませんでした。

一方で、貧乏人のほうは、１頭の牛を失ったにもかかわらず、「かわいそうな人のために、いいことをした」という満足感から、その後ずっと幸せな気持ちで暮らしていくことができたのです。

この話は「欲深い人間には心休まるときがない」ということを教えてくれます。人間の欲には、キリがないのです。欲深い人は、どんなにたくさんのモノを得ても、欲求不満から心が動揺します。

その一方で、たとえ貧しくても、人のためにいいことをして生きていく善良な人は、大きな満足感と幸福感に包まれて生きていけるのです。

欲深い人間には心休まるときがない

74 苦しいときこそ、ほほえみを忘れない

マザー・テレサは、社会福祉活動に人生を捧げ、ノーベル平和賞を受賞した女性です。彼女は、

「ただほほえむだけで、どんなにいいことがあるか、私たちは知らないのかもしれない」

と言いました。インドでもっとも貧しい地域とされる町で、住民たちに食べ物や寝る場所を提供する活動をマザー・テレサはつづけました。しかし、どんなにがんばっても貧しい人の数は減りませんでした。住民たちの生活環境も、なかなか改善しませんでした。思うようにならず、マザー・テレサ自身、「このままでいいのか」と心が揺れたときもあったと思います。

そんなとき、彼女はただ、ほほえみました。ほほえむことには、沈んだ心を明

るくする効果があるからです。ほほえむだけで、動揺した気持ちがしずまっていきます。ほほえむことは、人間の精神面に、たくさんのいいことをもたらしてくれるのです。

つまり、マザー・テレサは「動揺したときこそ、ほほえむことが大切だ。苦しいときこそ、ほほえむことを忘れないことである」と言ったのです。

精神的に動揺したり、困った状況に直面したりすると、人は往々にして、暗い表情をしてしまいます。しかし、暗い顔をしていると、気持ちがますます暗くなっていくばかりです。どうしたらいいかわからず、動揺がいっそう激しくなっていくだけなのです。

ですから、苦しいときこそ、楽天的にほほえんでいるほうがいいのです。ほほえむことで、気持ちが落ちついてきます。それと同時に、希望をもって未来へ向かって一歩をふみだす力がわいてきます。

ほほえんでいると、落ちつきを取り戻せる

※本書は2015年7月に海竜社から刊行された
『心が揺れないクセづけ』を文庫化にあたって
改題し、再編集したものです。

STAFF
カバーイラスト photopic - stock.adobe.com
本文デザイン 浦郷和美
本文DTP 森の印刷屋

青春文庫

おやすみ前《まえ》の1日《にち》1話《わ》 動《どう》じない練習《れんしゅう》

2022年4月20日　第1刷
2024年6月10日　第3刷

著　者　植西《うえにし》　聰《あきら》

発行者　小澤源太郎

責任編集　株式会社プライム涌光

発行所　株式会社青春出版社

〒162-0056　東京都新宿区若松町12-1
電話　03-3203-2850（編集部）
03-3207-1916（営業部）
振替番号　00190-7-98602

印刷／大日本印刷
製本／ナショナル製本
ISBN 978-4-413-29802-5

ほんとうのあなたに出逢う ◆ 青春文庫

お茶の時間の1日1話
心のひと休み

疲れや緊張が消えない……そんなとき、ほんのちょっとの「ひと休み」が効くのです。気持ちがラクになる74の言葉。

植西　聰

(SE-811)

他人《ひと》にも自分にもやさしくなりたいあなたへ
人間関係のモヤモヤから抜け出し、ラクに生きる方法

人間関係の悩みは、自分の中の〝トラウマ〟が生み出していた!? 精神科医が教える「自分も周りも大事にするためのヒント」。

長沼睦雄

(SE-812)

とびっきりのネタ満載！
天下無双の大人の雑学

面白くて教養になる！ 雑談力で一目おかれる！

話題の達人倶楽部［編］

(SE-813)

「カノッサの屈辱」を30秒で説明せよ。
世界史を攻略する86の〝パワー・ワード〟

読めばそのまま頭に入る！ 大人のための世界史のツボ！

おもしろ世界史学会［編］

(SE-814)